Kirsty Loehr

Eine kurze Geschichte queerer Frauen

aufbau

Kirsty Loehr ist Schriftstellerin und Englischlehrerin. Sie hat einen Master-Abschluss in transnationalem kreativem Schreiben und liebt Fußball, Geschichte und Humor – allerdings nicht unbedingt in dieser Reihenfolge. Sie lebt in Brighton.

Janine Malz studierte Übersetzen in Germersheim, Triest und München. Nach Stationen in Übersetzungsagenturen sowie in einem großen Publikumsverlag ist sie heute als freiberufliche Übersetzerin aus dem Englischen, Italienischen und Niederländischen tätig. Daneben unterrichtet sie im Studiengang M.A. Literarisches Übersetzen an der LMU.

Queere Frauen gibt es schon immer, aber sie wurden konsequent aus der Geschichte herausgeschrieben, und das seit, nun ja, schon immer. Historiker:innen gibt es ebenfalls schon eine ganze Weile, aber die längste Zeit waren sie, nun ja, Männer. Daraus folgt: Männer schrieben die Geschichte auf, die sie für wichtig hielten – also meist ihre eigene. Wie Frauen die Historie prägten, wurde als unwichtig abgetan. Und dass queere Frauen überhaupt existierten, wollte auch niemand zugeben. Gut, dass Kirsty Loehr es besser weiß: Sie hat die Vergangenheit durchforstet nach Frauen, die Frauen liebten – und dabei nicht »nur Freundinnen« waren. Ihr Buch lässt uns queere Persönlichkeiten entdecken, die in ihrer jeweiligen Zeit das Patriarchat herausforderten. Mit ihm werfen wir die vertraute Geschichtsschreibung über Bord und entdecken eine neue, vielfältigere, spannendere Geschichte.

»Herzergreifend und urkomisch und voller Liebe. Ein wahrhaft geistreicher Volltreffer queerer Geschichte – es zu lesen ist, als würde man ein Geheimnis lüften. Es ist schockierend, romantisch, wütend, und all das schreit aus den Seiten mit dem Bedürfnis, endlich gehört zu werden.« Connie Glyn

Kirsty Loehr

Eine kurze Geschichte queerer Frauen

Aus dem Englischen
von Janine Malz

aufbau

Die Originalausgabe unter dem Titel
A Short History of Queer Women
erschien 2022 bei Oneworld Publications, London.

MIX
Papier | Fördert gute Waldnutzung
FSC® C083411
FSC www.fsc.org

ISBN 978-3-351-04234-9

Aufbau ist eine Marke der Aufbau Verlage GmbH & Co. KG

1. Auflage 2024

www.aufbau-verlage.de
10969 Berlin, Prinzenstraße 85

Umschlaggestaltung Rothfos & Gabler, Hamburg
unter der Verwendung eines Motives von © Jenifer Prince
Satz LVD GmbH, Berlin
Druck und Binden CPI books GmbH, Leck, Germany

Printed in Germany

Gewidmet all den Queers, die in diesem Buch erwähnt werden, und all den Queers, die immer noch in der Geschichte verborgen sind. Ohne euch besäße ich nicht die Freiheit, die ich heute besitze, dieses Buch wäre nie geschrieben, und vermutlich mein Sohn nie geboren worden.

Oh, und gewidmet meinen Katzen Max, Marmaduke und Mitchell (und meinem geliebten Eric). Denn was wäre eine Lesbe ohne ihre Katzen?

INHALTSVERZEICHNIS

EDITORISCHE NOTIZ ZUR DEUTSCHEN AUSGABE

Dieses Buch bietet einen Überblick über die vielfältigen Lebensgeschichten und -realitäten queerer Frauen in der Geschichte und ist ein humorvoller und unterhaltsamer Einstieg in die Thematik, bei dem sich Fakt und Fiktion vermischen. Wo es Quellen gab, liegen sie den Darstellungen immer zugrunde, werden jedoch, um dem Stil des Textes gerecht zu werden, nicht explizit aufgeführt. Am Ende des Buches finden sich Empfehlungen der Autorin zu weiterführender Literatur.

JEMAND WIRD SICH AN UNS ERINNERN

Es heißt, die Dichterin Sappho erfand die Lesbe irgendwann zwischen 620 und 570 v. u. Z. Da trieben es die Männer schon eine ganze Weile miteinander. Wir wissen das, weil diese Praktik schriftlich festgehalten wurde (von Männern), besungen wurde (von Männern) und begrüßt wurde (von Frauen, die angewidert waren von Männern).

Seither hat die Geschichtsschreibung so getan, als hätte Sappho einfach nur eine große *Zuneigung* zu ihren Studentinnen empfunden, auf eine ganz unsexuelle Weise. Klar, sie hat zwar nur mehr als zehntausend höchst aufgeladene Verse über gleichgeschlechtliche erotische Anziehung geschrieben, aber das beweist noch lange nichts, stimmt's?

Und so verschwand die Lesbe so schnell, wie sie gekommen war und tauchte erst wieder auf, als Ellen DeGeneres 1997 auf dem Cover des *TIME* Magazine verkündete: »*Yep, I'm gay.*« In dem zugehörigen Artikel erklärte Ellen, dass es mehr von ihrer Sorte gäbe und sie genauso aussähen wie Du und Ich, aber weil sie Comedian ist, dachte die gesamte westliche Welt, sie mache nur Witze. Als immer ersichtlicher wurde, dass es sich dabei nicht um einen Witz handelte, killten sie … ihre Karriere.

Das war die Geschichte des Lesbentums. Ende.

()

Natürlich war's das nicht! Das sind nur ein paar Beispiele, die ich aus der üppigen Fischsuppe der Geschichte rausgefischt habe. Und will man uns wirklich weismachen, Frauen hätten nie miteinander rumgemacht, bevor Sappho daherkam und in die Hände, pardon, auf die Finger spuckte?

Sexuelle Anziehung unter Frauen wurde rigoros aus den Geschichtsbüchern rausradiert, seit, nun ja … schon immer. Wenn queere Frauen *doch* mal auftauchten, dann weil:

A) Männer sie attraktiv fanden, so dass das Patriarchat in gewisser Weise auch was davon hatte.

B) …

Meine Theorie lautet wie folgt: Vor Sappho, vor den ersten schriftlichen Zeugnissen, war das Leben relativ simpel. Damals, vor langer, langer Zeit, so vor vierzigtausend bis vierzehntausend Jahren, bumste jede:r jede:n, alle Löcher waren Amors Köcher, und man brachte seine Zeit damit zu, die Höhle zu bemalen. Das Konzept von Treue, Identität, Sexualität und Gender gab es schlicht und ergreifend nicht, und – das Beste – niemand scherte sich darum.

Irgendwann später, sagen wir, so gegen 9000 v. u. Z. änderte sich das. Man brachte nun die Tage damit zu, Häuser zu bauen, Ackerbau zu betreiben und feste Beziehungen einzugehen.

Es gab Männer, es gab Frauen, es gab Penisse und Vaginen. Aber immer noch kümmerte es niemanden, wer mit wem und was mit was. Man hatte einfach Spaß miteinander. Männer und Frauen waren gleichberechtigt, es herrschten von Juni bis September durchgängig 26 °C[1] und niemand musste die Geschirrspülmaschine ausräumen.

Eines Tages, so um das Jahr 3200 v. u. Z., erfand irgendjemand, vermutlich eine Frau, ein Schriftsystem, das im Laufe der Zeit Eingang in die verschiedensten Kulturen und Sprachen auf der ganzen Welt fand. Nicht lang danach nutzte ein Mann seine Schriftkundigkeit,

---

1 Okay, das ist vielleicht nicht *ganz* richtig, aber ich denke, wir können uns alle darauf einigen, dass 26 °C ziemlich perfekt sind.

um einem Freund einen Brief zu schreiben. In diesem Brief witzelte er darüber, Frauen seien schlechte Schreiberinnen, vor allem verglichen mit Männern. Wahrscheinlich verlief die Konversation ungefähr so:

Klopf Klopf.

Wer da?

Eine Schriftstellerin.

Ja, klar.

[Beide Männer lachen sich tot]

Das war der erste Witz aller Zeiten auf Kosten von Frauen, und alle fanden ihn unglaublich komisch. Dieser Witz wurde so oft weitererzählt, dass die Leute ihn irgendwann irrtümlicherweise für ein Faktum hielten.

Als er erkannte, welche Macht das geschriebene Wort besaß, fing dieser Mann an, immer mehr Witze über Frauen zu machen, von wegen, sie seien blöd und körperlich unfähig, die *wirklich wichtigen* Aufgaben zu übernehmen, wie Jagen, Häuser bauen, die Familie ernähren, Marmeladengläser öffnen, Fußballspielen, Bierkrüge leeren und Autofahren. Manches davon kam vielleicht ein wenig später, aber ihr versteht schon.

Ein paar Jahre danach erwischte derselbe Mann eine seiner Liebhaberinnen dabei, wie sie Sex mit einer anderen Frau hatte. Und weil eh jede:r mit jede:m rummachte, machte es ihm eigentlich nichts aus. Aber als er gerade wieder gehen wollte, stutzte er. Er hatte bei einer

Frau noch nie zuvor einen solchen Gesichtsausdruck gesehen – oder solche Geräusche gehört.

Der Mann verfasste daraufhin rasch einen weiteren Brief an seinen Freund, um ihm mitzuteilen, dass Sex unter Frauen gefährlich war und unterbunden werden sollte. Er fügte hinzu, dass vielleicht auch Männer aufhören sollten, miteinander zu schlafen, aber darüber könne man sich später noch Gedanken machen, das war nicht so wichtig. Der Brief sah vermutlich so oder so ähnlich aus:

Iden des Mai, 3150 v. u. Z.

Lieber Rylan,
wie geht es dir? Nur so ein Gedanke, findest du nicht auch, Frauen sollten aufhören, Sex miteinander zu haben? Immerhin sind wir nicht dabei, und ich befürchte, sie haben ohne uns mehr Spaß. Vielleicht sollten wir auch aufhören, miteinander Sex zu haben. Aber nur, wenn du das möchtest.
Grüß deine Mum von mir!
Kev x

Dieser Brief ging viral und sofort änderte sich die Haltung gegenüber Frauen, die miteinander schliefen, weil das ein neubegründetes gesellschaftliches Gefüge gefährdete: DAS PATRIARCHAT.

Im Alten China beispielsweise durften sich Frauen nur dann am *tui-shih* (Oralsex) oder *mojingzi* (Spiegel-Rubbeln) beteiligen, wenn sie ihrem Ehemann dieselbe Zuneigung schenkten, denn sie waren inzwischen sein Eigentum. *That escalated quickly.*

Ein bisschen später gab es da noch *Jinglanhui* (die Goldene Orchideengemeinschaft, 1644–1949 u. Z.), einen Ort, an dem Frauen leben konnten, um keinen Mann heiraten zu müssen. Da die Frauen überwiegend (und offensichtlich) queer waren, unterhielten sie sexuelle Beziehungen untereinander, und wenn eine Frau eine andere heiraten wollte, dann hielt sie ihr eine Nuss hin und sagte: »Hey, ich hätte da eine Frage an dich und hoffe, du bist leichter zu knacken als diese Nuss hier. Okay, es ist eine Erdnuss, aber egal.« Aber im Ernst: Wollte eine Frau sich mit einer anderen verbinden, schenkte sie ihr Erdnussbällchen und andere Süßigkeiten, und wenn ihre Angebetete annahm, war sie ehrenhaft an die andere gebunden.

Nach der Hochzeit gab es dann eine Riesenparty nur unter Frauen. Das frisch vermählte Ehepaar konnte sogar eine Tochter adoptieren, wenn es das wollte. Eine Weile lief alles wie geschmiert, aber dann bekam das Patriarchat Wind von dieser traumhaften Utopie und verbot sie kurzerhand.

In Bagdad hatte einige Jahrhunderte zuvor der Kalif der Abbasiden al-Hādī (764–786 u. Z.) Gerüchte vernommen, wonach sich zwei Frauen in seinem Harem *ohne ihn* vergnügten. Außer sich vor Wut entsandte er zwei Spione, um sie auf frischer Tat zu ertappen, was auch gelang. Um ein Exempel zu statuieren, ließ al-Hādī sie köpfen. Um ein noch größeres Exempel zu statuieren, ließ er die Köpfe schmücken und präsentierte sie zur Abschreckung seinem Hof.

Auch im Zentralafrika der ersten Hälfte des 18. Jahrhunderts machten sich die Männer der Azande Sorgen. Offenbar dürstete es ihre Frauen derart nach Sex, dass sie damit anfingen, einander zu vögeln, während ihre Ehemänner in *wichtigen Angelegenheiten* unterwegs waren. Wie ein Mann berichtete: »Die Frauen schnitten eine Süßkartoffel oder eine Maniokwurzel in Form des männlichen Geschlechtsorgans zurecht oder benutzten eine Banane. Zwei Frauen schlossen sich in einer Hütte ein, wobei sich eine aufs Bett legte und den weiblichen Part spielte, während sich die andere das künstliche Glied umband und den männlichen Part spielte. Anschließend tauschten sie die Rollen.«

Da kommt *das* also her.

Die Azande-Männer mussten zugeben, dass, sobald eine Frau einmal mit einer anderen das Bett geteilt hatte, es schwierig war, sie davon abzuhalten, vor allem, weil ihre Ehemänner ihnen nicht halb so viel Lust bereiteten. Klingt einleuchtend.

Gleichgeschlechtlicher Sex unter Frauen wurde in der Folge all dieser Beispiele als abnormal, unmoralisch, verwirrend und – das ist das Schlimmste – als widerwärtig angesehen. Schon bald war es leichter, abzustreiten, so etwas hätte je existiert, und Geschichtsklitterung wurde zu einem Lieblingshobby des Patriarchats.

Aber ich greife vor. Gehen wir noch mal zurück ins Jahr 630 v. u. Z.: Die Männer hatten das Sagen, und Frauen waren schwache, zarte Wesen, die nur geringe Leistungen erbrachten – wie am zweiten Tag ihrer Periode niemandem an die Gurgel zu gehen oder einen kleinen Menschen durch ihre Vagina zu pressen.

Drüben im Alten Griechenland galten Frauen als irrationale Dummchen, die nur darauf warteten, flachgelegt zu werden. Hatten sie darauf gerade keine Lust, waren sie schlichtweg hysterisch und ihr Uterus war an allem schuld, was ja wohl wissenschaftlicher Konsens ist. Frauen durften zudem das Haus nicht verlassen und waren üblicherweise in Räumlichkeiten nahe der Quartiere der Versklavten untergebracht.

Glücklicherweise ging es auf Lesbos, einer kleinen griechischen Insel in der Ägäis, etwas entspannter zu. Wenngleich Frauen auch dort wie absoluter Dreck behandelt wurden, durften sie zumindest ihre Häuser verlassen und, wenn sie so richtig Glück hatten, konnten sie schreiben.

Sappho und die Entstehung der Lesbe

Zu diesen Glückspilzen zählte Sappho, eine Singer-Songwriterin, die im Laufe ihres Lebens ungefähr zehntausend Verse verfasste. Das musst du erst mal toppen, Allen Ginsberg. Sappho schrieb am liebsten über erotische Anziehung, eine erotische Anziehung, die sie für das eigene Geschlecht empfand. Diese Gedichte rezitierte sie, während sie die Lyra spielte, ein harfenähnliches Instrument, für das man lange Fingernägel brauchte. Da lange Fingernägel allerdings für ihre privaten Vergnügungen eher hinderlich waren, erfand sie, zumindest der Legende nach, das Plektrum und stutzte ihre Nägel. Lesbischer Erfindergeist vom Feinsten!

Zuerst dachten alle, *wow, diese Poesie ist so erfrischend anders und aufregend*, aber dann erinnerte sich das Patriarchat daran, dass diese Art der Liebe gefährlich für sie werden konnte, also wurde Sappho ins Exil geschickt. Und da heißt es immer, *Frauen* würden überreagieren!

Die Leute auf Lesbos alle so: »Hey, wo ist Sappho hin?«

Und das Patriarchat so: »Ähm … sie musste aus politischen Gründen gehen.«

Und die Leute auf Lesbos: »Echt? Was für politische Gründe?«

Und das Patriarchat: »Ach so, sorry, wir meinten natürlich, sie hat sich in einen Bootsführer verliebt und ist mit ihm fortgegangen.«

Die Leute auf Lesbos daraufhin: »Hm, klingt so gar nicht nach Sappho?! Vor allem, wenn man bedenkt, dass sie die Hälfte aller Frauen auf der Insel gevögelt hat.«

Das Patriarchat: »Ja, verrückt, nicht wahr? Daran sieht man wohl, dass sie im Grunde immer nur auf den Richtigen gewartet hat.«

Und die Leute auf Lesbos so: »Okay, könnten wir wenigstens ihre Adresse haben, damit wir ihr erzählen können, wie gut ihre Lyrik ankommt?«

Und das Patriarchat: »Ähm … hmmmm. Leider nicht. Sie ist vom leukadischen Felsen gestürzt und tot. Sorry!«

Und als ob das nicht schon schlimm genug wäre, gibt es Hinweise darauf, dass Jahre später die ersten christlichen Kirchen Sapphos Werke vernichten ließen. Glücklicherweise konnte einiges gerettet werden, dennoch gilt das bis heute als einer der größten Verluste des literarischen Kanons.

()

Die Alten Griechen liebten es, Geschichten zu erzählen und aufzuschreiben, und auch wenn viele dieser Geschichten mythologischer Natur waren, enthielten sie immer ein Körnchen Wahrheit. Für Historiker:innen ist es deshalb nachvollziehbarerweise schwierig herauszufinden, was davon real und was totaler Unfug ist. Ein Beispiel dafür sind die Amazonen.

Laut der griechischen Mythologie waren die Amazonen die Töchter von Ares, dem Kriegsgott. Es heißt, die Amazonen seien eine reine Frauengesellschaft gewesen. Um ihre Blutlinie fortzuführen, besuchten sie angeblich einen benachbarten Stamm, benutzten die Männer, um sich fortzupflanzen und machten sich am Morgen schnell davon. Und wen poppten die Amazonen aus purer Lust? Einander natürlich!

Niemand weiß so genau, wieso sie Amazonen hießen, aber einige antike griechische Autoren führten es auf den Ausdruck *a-mazos* (ohne Brust) zurück. Dieser Theorie zufolge sollen sie sich eine Brust abgeschnitten oder »abgebrannt« haben, damit sie nicht beim Bogenschießen hinderlich war. Hätten die Ärmsten bloß gewusst, dass man als Frau auch Pfeil und Bogen bedienen kann, ohne sich dafür eine Brust abschneiden zu müssen – was für eine Verschwendung!

Insofern ja, die Amazonen oder zumindest ähnliche Völker existierten vermutlich tatsächlich, und sie waren im Vollbesitz beider Brüste. Und ja, es mag für Historiker:innen nicht immer leicht sein, sich ein vollständiges Bild davon zu machen, was in der Vergangenheit vor sich ging, insbesondere, wenn man wie die Alten Griechen die eigene Wirklichkeit in Echtzeit neu erfand. Aber wenn es, wie in Sapphos Fall, konkrete Belege gibt, die darauf hindeuten, dass eine Frau sich zu einer anderen erotisch hingezogen fühlte, ist es frustrierend, wenn das andauernd durch Straightwashing diskreditiert und ignoriert wird. Und wenn ich sage, es ist frustrierend, meine ich, es *regt mich verdammt nochmal auf*.

Apropos, viele Historiker:innen behaupten auch gerne, Sappho könne gar keine Lesbe gewesen sein, weil es das Konzept »lesbisch« zu ihrer Zeit gar nicht gab. Aber genauso wenig existierte »hetero«, insofern gilt wie bei allen historischen Figuren, die wir nicht mehr fragen können: Entscheidet selbst, was Sappho für euch ist.

Klar, ihr fehlte das Vokabular, um sich als lesbisch, bisexuell oder gar als queer »zu identifizieren«, aber sie lebte nun mal vor der Einführung moderner Terminologie und es ist bestenfalls ein Zirkelschluss, ihr deshalb ihre sexuelle Orientierung und ihre Erfahrungen abzusprechen. Es ist absurd, die Gender-Theorie, wie sie heute existiert, einer Gesellschaft überstülpen zu wollen, die ganz anders funktionierte. Außerdem geht mir die genaue Definition am Allerwertesten vorbei.

Einigen jedoch nicht. Tatsächlich scheinen sich konservative Historiker:innen derart daran zu stören, dass sie weiterhin heterosexuelle Versionen von Sappho verbreiten, um sie tunlichst von jedem Verdacht des Lesbentums freizusprechen. In meiner Vorstellung hatten diese Interpretationen unbeabsichtigte Auswirkungen, nämlich, dass Sappho in den Augen queerer Frauen nur noch hotter wurde!

Wer war Sappho?

1. Konservative Historiker:innen: Sappho war der heterosexuellste Mensch auf Erden.
   Queere Frauen: Wir lieben Herausforderungen!

2. Konservative Historiker:innen: Sappho war ihrem Mann eine liebende Ehefrau und ihren Kindern eine gute Mutter.
   Queere Frauen: Wie gesagt, Challenge accepted!

3. Konservative Historiker:innen: Sappho war die Anführerin einer homoerotischen Frauengruppe.
   Queere Frauen: Wo kann ich mich anmelden?

4. Konservative Historiker:innen: Sappho war die Rektorin einer Mädchenschule.
   Queere Frauen: Eine Frau in einer Machtposition UND Geschäftsführerin – sexy!

5. Konservative Historiker:innen: Sapphos Gedichte über Frauen, die miteinander schlafen, handeln in Wirklichkeit davon, ein Nickerchen zu halten.
   Queere Frauen: Nickerchen sind genauso wichtig wie queere Sichtbarkeit.

6. Konservative Historiker:innen: Sappho war ein Flittchen.
   Queere Frauen: Wir hätten also eine Chance gehabt!

Sapphos Erscheinungsbild wird ebenfalls heiß diskutiert. Es gibt keine verlässlichen Quellen, aber da Männer das Aussehen von Frauen seit Jahrhunderten beurteilen, haben wir einige, wenngleich zugegebenermaßen wenig hilfreiche, Informationen. Ein Typ beschrieb sie als bildschön und zierlich, ein anderer behauptete, sie sei hässlich und klein gewesen, und noch mal ein anderer Typ meinte, sie hätte ein zauberhaftes Lächeln gehabt. Das war genau *der* Typ, der auf Lesbos rumlief und allen Frauen sagte, sie sollten doch mehr lächeln.

Was wir jedenfalls sicher wissen, ist, dass aus dem Namen Sappho der Begriff *Sapphismus* hervorging, der anfänglich (und in manchen Zusammenhängen bis heute) Frauen bezeichnete, die auf andere Frauen standen. Wir wissen auch, dass das Wort »Lesbe« sich von Sapphos Geburtsstätte, der Insel Lesbos, ableitet, insofern ist Sappho so was wie *die* Lesbe®. Allerdings bezeichnete »lesbisch« auch einst die Herkunft eines Weines … tja, guter Geschmack verbindet eben.

VERGIB MIR, DENN ICH HABE GESÜNDIGT

Als das Römische Reich aufkam, war das Patriarchat groß im Kommen, ziemlich genau wie das, was zwischen den Beinen der Römer baumelte. Denn um das Imperium zu stärken, galt es, sich um jeden Preis zu vermehren. Aber egal, wie sehr sich zwei Frauen auch aneinander rieben, es kam einfach kein Baby dabei raus. Und so wurde das Fortpflanzungsdefizit auf die ohnehin schon ellenlange Liste der Gründe gesetzt, weshalb Liebe zwischen Frauen etwas Schlechtes war. Römische Männer hingegen durften einander weiterhin vögeln.

Im Jahr 79 u. Z. waren zwei Frauen, nennen wir sie Antonia und Fabia, in ihren Cunnilingus vertieft. Plötzlich bebte die Erde, aber Antonia hielt das Zittern für ein Resultat von Fabias Zungenfertigkeit und nicht der Erdstöße, die die Region regelmäßig erschütterten. Das Beben war eher schwach, so dass sie weiter Sex hatten und anschließend eng umschlungen einschliefen.

Ein paar Tage später, als sie zum mächtigen Vulkan Vesuv hochschaute, beschloss Antonia, ihre Liebe zu Fabia unter Beweis zu stellen, indem sie ein Graffito in eine Wand kratzte. Am nächsten Tag brach der Vulkan aus und Antonia und Fabia waren tot, genau wie alle anderen Bewohner:innen der Gegend. Die Stadt Pompeji wurde erst Jahrhunderte später unter dicken Ascheschichten entdeckt, samt den Worten: »Oh, wäre es mir nur erlaubt, deine zarten Arme um meinen Hals zu schlingen und Küsse auf deine weichen Lippen zu drücken. Wohlan, Puppe, vertraue deine Freuden dem Wind an; glaub mir, der Männer Natur ist leicht.«

Nur eine Frau, die in eine andere Frau verliebt ist, kann etwas derart Schnulziges schreiben.

Ein paar Jahrzehnte später hing ein junger römischer Dichter namens Catull in seiner örtlichen Bibliothek herum. Catull war von Geschichte fasziniert, vor allem liebte er die Alten Griechen, also schnappte er sich ein Buch und begann zu lesen. Als er so durchblätterte, stach ihm etwas ins Auge: ein altes, fragmentarisches Gedicht, das aussah, als hätte man es irgendwo anders entnommen und zwischen den Buchseiten platziert. Da er Kleptomane war, ließ er das Gedicht kurzerhand in seiner Tunika verschwinden und nahm es mit nach Hause zu seiner Freundin Clodia.

»Wo hast du das her?«, fragte Clodia schockiert.

»Aus der Bibliothek. Wieso, was steht da?«, antwortete Catull.

Das Gedicht war auf Äolisch verfasst, einem altgriechischen Dialekt, der unter anderem auf der Insel Lesbos gesprochen wurde und den Clodia zufälligerweise verstand. Sprachlos starrte sie Catull an und nahm dann das Gedicht mit ins Bad, wo sie laaaange Zeit blieb.

Von da an trug Clodia jedes Mal, wenn sie es miteinander trieben, das Gedicht laut vor, was Catull ziemlich nervte, der noch immer keine Ahnung hatte, was sie da rezitierte.

Nachdem sie es ein weiteres Mal laut vernehmlich vorgetragen hatte, riss Catull Clodia das Gedicht aus der Hand und nahm es mit zu seinem Freund Marcus, der ebenfalls Äolisch verstand.

»Sappho!«, verkündete Marcus geschockt und ließ das Gedicht zu Boden fallen.

»Was ist ein Sappho?«, wollte Catull verdattert wissen.

»So heißen die Frauen auf Lesbos, die aussehen wie Männer und sich nicht für einen Mann aufgeben wollen. Stattdessen verkehren sie mit anderen Frauen.«

»Das kann nicht sein, das glaube ich nicht!«, rief Catull aus.

»Es ist wahr«, entgegnete Marcus. »Ich habe es mit eigenen Augen gesehen …«

Römische Männer wie Catull und Marcus konnten nicht verstehen, weshalb oder auch nur wie zwei Frauen Sex ohne einen Penis haben konnten. Um sich einen Reim darauf zu machen, versuchten die Römer schließlich zu definieren, *was* diese Frauen genau im Schlafzimmer anstellten, etwa, dass sie sich aggressiv aneinander rieben, Dildos benutzten und gefährlichen, gewaltsamen Sex hatten. All diese Erklärungsversuche klingen phantastisch, aber letztlich einigten sich die Römer auf das griechische Wort *tribein,* was »reiben« bedeutet, und bezeichneten das Phänomen der Frau, die aus sexueller Lust ihre Vulva an einer anderen Frau reibt, als *Tribade.* So konnte man sie schnell definieren und wahlweise diffamieren, nur für den Fall, dass sie vorhatten, die Weltherrschaft an sich zu reißen oder so. Yay, nun hatte es einen Namen!

Tja, und dann kamen die Christen.

Macht Religion die Welt besser?

Die Christen hassten Tribaden, aber ebenso sehr hassten sie gleichgeschlechtlichen Sex unter Männern. Also forderten sie die Römer auf, damit aufzuhören, doch die fanden die Idee gar nicht so toll und baten die Christen, es sich doch noch mal zu überlegen. Die Christen daraufhin: »Schläft einer mit einem Mann, wie man mit einer Frau schläft, dann haben sie eine Gräueltat begangen; beide haben den Tod verdient; ihr Blut kommt auf sie selbst.«

Die Antwort lautete also eindeutig Nein.

Die Christen hatten etwas gegen jegliche Form gleichgeschlechtlicher Liebe, aber was sie wirklich auf die Palme brachte, war gleichgeschlechtliche Liebe unter Frauen. Der Apostel Paulus, seinen eingefleischten Fans auch als Heiliger Paulus bekannt, fand, sie sei gegen die Natur (was auch immer das ist), und man solle dafür in der Hölle schmoren (wo auch immer die ist).

Im Judentum kam sie ebenfalls nicht gut an. Aber immerhin gab es für jüdische queere Frauen einen winzigen Hoffnungsschimmer, nämlich Rut und ihre Schwiegermutter Noomi. Und nein, das ist nicht der Plot eines billigen Pornos, sondern ein ziemlich wichtiger Teil der hebräischen Bibel.

Im Buch Rut schwört Rut ihrer Schwiegermutter: »Wo du hingehst, da will auch ich hingehen; wo du bleibst, da bleibe ich auch. Dein Volk ist mein Volk, und dein Gott ist mein Gott.« Für mich klingt das ein wenig nach einem Ehegelübde …

Beide hatten zu diesem Zeitpunkt ihre Ehemänner verloren, und Rut hätte sich einfach einen neuen suchen können, wenn sie gewollt hätte. Aber sie tat es nicht.

Stattdessen beschloss sie, mit ihrer Schwiegermutter abzuhängen, und das in einer Welt, in der Frauen praktisch keine eigenen Entscheidungen treffen konnten. Ungeheuerlich!

In den meisten Religionen hatte gleichgeschlechtliches Begehren also keinen Platz. Im Koran beispielsweise wird gleichgeschlechtliches Begehren mindestens fünf Mal erwähnt, aber – Spoileralarm – nicht in guter Weise, bzw. wird es zumindest heute durch muslimische Rechtsgelehrte (hallo, Patriarchat!) so ausgelegt. Interessanter ist, dass sich die historischen arabischen Begriffe für Frauen, die andere Frauen lieben (*sahiqa, sahhaqa, musahiqa*) von dem Verb für »sich reiben« oder »zerstampfen« ableiten lassen. Wie man halt Pesto, Guacamole oder eine Vagina zerstampft. Klar. Daran zeigt sich, dass es in den meisten Religionen bei gleichgeschlechtlicher Liebe immer noch weniger um Identität, denn um Handlungen geht.

Eine Andalusierin, die gerne Pesto zerstampfte, war die Prinzessin von Córdoba, Wallāda bint al-Mustakfī (geboren um 1010, gestorben 1091). Wallada trug mit Vorliebe durchsichtige Stoffe und gründete ihren eigenen Literatursalon. Sie machte keinen Hehl aus ihren Affären und verheimlichte auch nicht, dass sie sowohl mit Männern als auch Frauen verkehrte. Die Bewohner:innen Córdobas waren entsetzt. Um sie noch mehr zu entsetzen, schrieb Wallada über ihre Sex-Eskapaden und stickte sie gar in ihre Tunika – in Gold! So konnten sie alle in der Stadt lesen.

Islamische Philosophen und Ärzte hatten dazu jede Menge zu sagen. Ein Typ, al-Kindī, meinte, Frauen würden zu Lesben, weil ihre Vaginen juckten. Ein anderer Typ, Yuhanna ibn Masawaih, stimmte zu und ergänzte hilfreicherweise: Wenn eine Frau in der Schwangerschaft Sellerie äße, würde ihre Tochter später auf Frauen stehen. Daher also das »Alle Lesben sind Veganerinnen«-Narrativ …

In der *Vinaya,* dem Buch über die buddhistischen Ordensregeln, gibt es viele Hinweise auf Nonnen, die es miteinander treiben, ebenso wie Mönche. Gleichzeitig kennt der Buddhismus auch das Wort *pandaka,* einen Begriff, der eine große Bedeutungsspanne besitzt, und wenn ich sage *groß,* meine ich, dass er praktisch alles einbezieht, was nicht in die Kategorie nicht behinderter Heteromann fällt. Das kann alles sein, angefangen bei schwulen, bisexuellen, impotenten Männern, bis hin zu intersexuellen Menschen und Voyeuren.

Die Azteken verwendeten darüber hinaus das Wort »Hermaphrodit« (*patlācheh*), um gleichgeschlechtliche Beziehungen zwischen Frauen zu beschreiben, die letztlich dem entsprachen, was heute als lesbisch gilt. *Patlācheh* wurde auch verwendet, um Frauen zu beschreiben, die »maskulinen Tätigkeiten« nachgingen, wie Holz hacken, Feuer machen und Frauen poppen.

Hindu-Göttinnen und Götter spielten derweil gern mit dem Konzept »genderfluid«. Zudem gibt es viele Belege für Sex zwischen Frauen in hinduistischer Literatur, Kunst und sogar religiösen Schriften. Wie erfrischend! Andererseits gibt es Sanskrit-Texte, die behaupten, Frauen, die sich in andere Frauen verliebten, würden gezeugt, wenn eine Frau in der Reitstellung auf dem Mann sitzt. Da zeigt sich's mal wieder: Wenn eine Frau die Führung übernimmt, passieren *immer* unnatürliche Dinge.

()

Als das Römische Reich letztlich um 476 u. Z. zusammenbrach, war das Christentum nicht mehr aufzuhalten. Obwohl es vor allem Männer waren, die Probleme mit dem Begehren zwischen Frauen hatten, gab es auch etliche Frauen, die davon angewidert waren – und das über die Jahrhunderte hinweg.

Eine dieser Frauen war die deutsche Universalgelehrte und Heilige (!) Hildegard von Bingen (1098–1179).

Hildegard litt an furchtbarer Migräne, oft begleitet von einer guten Portion Halluzination. Da es sich dabei *offensichtlich* um Botschaften von Gott handelte, dokumentierte sie diese allesamt in einem Buch, das sie *Scivias* (dt.

»Wisse die Wege«) nannte. Viele der darin enthaltenen Illustrationen aus ihrer Feder ähneln riesigen Vulven, was sie vehement bestritt. Wisse die Wege des Herrn, so so!

Hildegard war zudem verliebt in ihre Freundin Richardis von Stade. Richardis hatte Hildegard unter anderem mit ihrem Buch geholfen und blieb Zeit ihres Lebens eine enge Vertraute. Doch obwohl sie regelmäßig Vulven zeichnete und offenkundig total in eine Frau verschossen war, hasste Hildegard alles, was mit Tribaden zu tun hatte, besonders, wenn sie Männerkleidung trugen.

Hildegard schrieb was von: »Doch auch eine Frau, die sich solche teuflischen Künste aneignet, dass sie sich mit einer anderen Frau in männlichem Beischlaf zu vereinigen scheint, erscheint gemein in meinen Augen, und auch jene, die sich ihr zu so einer schändlichen Tat unterwirft.« Bla, bla, bla, Hildegard, warum malst du nicht einfach wieder Vulven, hm?

Glücklicherweise unterdrückten nicht alle queeren Frauen ihre Sexualität, denn rund hundert Jahre später, um das Jahr 1350, gab es eine Adlige, nennen wir sie Maud de Claud, die es irgendwie schaffte, ihren eigenen Hebammen-Masturbations-Verein zu gründen.

Alles fing damit an, dass Maud ihren Arzt aufsuchte und über Beckenschmerzen klagte. Der Arzt erklärte, das liege daran, dass sich in ihrem Unterleib aufgrund mangelnder Penis-Penetration Samen angestaut hätten.

Maud hatte sich dem Schwanz ihres Ehemannes seit Jahren nicht mehr genähert, also fragte der Arzt sie, ob *er* seinen Penis in sie hineinstecken dürfe, um den Samenstau zu beheben. Maud fragte daraufhin, ob es möglich sei, das lieber der Hebamme zu überlassen. So geschah es, die Hebamme besorgte Maud einen Orgasmus, indem sie verschiedene warme Gegenstände auf, um und in ihrer Vagina platzierte. Genial.

Maud erzählte das all ihren Freundinnen, die daraufhin ebenfalls ihre Ärzte wegen eines mysteriösen Samenstaus im Unterleib aufsuchten und darauf bestanden, diesen von einer Hebamme entfernen zu lassen. Es dauerte nicht lange, bis die Christen dahinterkamen, was da vor sich ging, und schon bald verboten sie diese Hebammenbehandlung und warnten Frauen, Masturbation (durch sie selbst oder jemand anderen) würde sie dazu verdammen, in den Flammen der Hölle zu schmoren oder so was in die Richtung; nach einer Weile verliert man da den Überblick.

Wenn du nicht gewinnen kannst, dann schlag sie

Zum Leidwesen der Christen war die Hölle als Horrorszenario irgendwann nicht mehr abschreckend genug. Deshalb erfanden sie eine Reihe anderer potenzieller

Strafen. Wenn in Frankreich jemand bei schwulem Sex erwischt wurde, wurden ihm die Hoden abgeschnitten; wurde er ein zweites Mal erwischt, schnitt man ihm den Penis ab; wenn er es ein drittes Mal tat (wie?!), wurde er auf dem Scheiterhaufen verbrannt. Da die Franzosen offenbar nicht viel vom weiblichen Körper verstanden, verhängten sie dieselben Strafen fröhlich auch gegen Frauen.

In der ersten Hälfte des 13. Jahrhunderts liebte die Französin Bietris de Romans ihre Nachbarin Maria. Bietris hielt ihre Gefühle für Maria nicht nur nicht geheim, sondern tat diese auch in enorm romantischen Gedichten kund. Bietris hatte Glück, denn sie verlor weder Hoden noch Penis, da sie dergleichen nie besessen hatte.

Ebenfalls in Frankreich wurde eine Dame namens Laurence ins Gefängnis gesperrt, weil sie sich mit ihrer Nachbarin Jehanne vergnügte. Aus Angst vor einer Hodenamputation erzählte Laurence allen, sie sei glücklich verheiratet und Jehanne habe ihr ungewollt nachgestellt. Jehanne war davon so schockiert, dass sie es ihr heimzahlte, indem sie herumerzählte, Laurence sei nur die typische gelangweilte Heterofrau, die ein kleines Abenteuer suchte. Laurence wurde letztlich freigelassen und ging zu ihrem Ehemann zurück. Aber ihr wisst ja, wie es heißt, wenn man einmal vom Nektar einer Tribade genascht hat …

Doch diese Albernheiten waren nicht auf Frankreich beschränkt, denn mit der Zeit gab es immer weitere abstruse Trends, wie zum Beispiel die Hexenverfolgung, die sich in ganz Europa wachsender Beliebtheit erfreute. Nun wurden Frauen für Hexerei, Ketzerei und, selbstverständlich, die Impotenz von Männern verantwortlich gemacht – ich meine, klar, was sollte das sonst hervorrufen? Im späten 15. Jahrhundert war die Hexenjagd derart *en vogue*, dass eine theologische Abhandlung mit dem Titel *Malleus Maleficarum* (Der Hexenhammer) erschien. Darin wurde genauestens erklärt, welch teuflische Sexualität Frauen besitzen. Das Buch befürwortete auch die Ausrottung aller queeren Frauen und war fast zweihundert Jahre lang ein Bestseller. Nur die Bibel verkaufte sich öfter. Ich nehme an, die Leserschaft hatte große Überschneidungen.

Aber selbst eine solche Massenausrottung, die sich vornehmlich gegen Frauen richtete, konnte die Lesben nicht aufhalten. Und so kam es, dass im frühen 17. Jahrhundert die Presbyterianer auf die Idee kamen, Frauen, die Sex miteinander hatten, anzudrohen, sie für immer von der Kirche auszuschließen. *Oh nein, wie schrecklich!*

Die beiden Schottinnen Elspeth Faulds und Margaret Armour wussten, dass ihre Liebe bei der Kirche nicht gut ankommen würde, ließen sich aber trotzdem zunächst nicht davon abhalten. Erst, als man sie erwischte und ihnen mit der Exkommunikation drohte, wurden sie gezwungen, ihre Beziehung zu beenden – und obwohl sie keine Penisse besaßen, 1625 von der presbyterianischen Kirche Glasgow der Sodomie für schuldig befunden.

Für Katholik:innen war währenddessen jede Menge Girl-on-Girl-Action in den Klöstern zu haben. Nehmen wir die zwanzigjährige Mexikanerin Agustina Ruiz, die regelmäßig den Finger in die Feige legte und dabei an die Jungfrau Maria dachte. Woher wir das wissen? 1621 denunzierte ein Priester sie bei der spanischen Inquisition. Agustina hatte ihm ihre spätabendlichen Fingerübungen gebeichtet. Offenbar beinhalteten ihre Visionen unter anderem »unziemliche Worte« sowie diverse Sexstellungen mit Jesus Christus und der Jungfrau Maria. Ich würde sagen, es gibt Schlimmeres, wozu man masturbieren kann.

Ebenfalls in Mexiko lebte die sechzehnjährige Sor Juana Inés de la Cruz (1648–1695), die ihre Eltern bat, zur Universität gehen zu dürfen. Diese lehnten ab, da Universitäten nur Männern vorbehalten waren. Also bat Sor Juana darum, als Mann verkleidet gehen zu dürfen. Ihre Eltern lehnten weiterhin ab, aber schickten sie ins Kloster, weil das ja das Gleiche war.

Sor Juana war eine echte Leseratte und besaß über viertausend Bücher. Zudem war sie eine angesehene

Gelehrte und Autorin, die zahlreiche eigene Schriften veröffentlichte. Ihre Bibliothek wurde schließlich so berühmt, dass sie ihren Teil des Klosters in einen Literatursalon umwandelte. *Lesben lieben Salons!* Dieser Salon wurde von der Crème de la Crème der Intellektuellen aufgesucht und weckte sogar das Interesse der Gräfin María Luisa Manrique de Lara y Gonzaga, der Vizekönigin von Neuspanien.

Sor Juana schrieb zahlreiche schlüpfrige Gedichte an María, in denen sie ihre Liebe explizit beschrieb. Leider endete die Beziehung mit einem herben Nachgeschmack. Die von Liebeskummer geplagte Sor Juana reagierte darauf in der einzig möglichen Form, die einer Lesbe bleibt, und verfasste ein melancholisches Gedicht, in dem sie der Gräfin María vorwarf, sie benutzt und dann abserviert zu haben.

Viele Leute damals mochten weder ihre lesbisch inspirierten Gedichte noch ihren Einsatz für Gleichberechtigung. Sie kritisierte auch die katholische Kirche dafür, nur Männern Zugang zu höheren Positionen zu ermöglichen, woraufhin die Kirche ihre Bücher konfiszierte. Womit ihr Vorwurf glasklar bewiesen wäre.

LOTARIO UND LEDERDILDOS

Im Jahr 1477 wurde Katherina Hetzeldorfer in Speyer vor Gericht gestellt, weil sie eine Frau mit einem großen, roten Lederdildo beglückt hatte, von der sie behauptete, es sei ihre Schwester. In Wirklichkeit war es ihre Geliebte. Nicht nur verdient Katherina Queer-Punkte dafür, mit ihren Phantasien ihrer Zeit voraus gewesen zu sein, sondern ihr gebührt auch der ruhmvolle (und qualvolle) Titel der ersten Frau, die zum Tode verurteilt wurde, einfach nur, weil sie Frauen begehrte; ein Verbrechen, für das es damals nicht einmal einen Namen gab.

Das Schlimmste war für die Behörden nicht, dass Katherina eine andere Frau mit den Fingern befriedigt hatte, sondern dass sie es auch mit einem großen Lederdildo tat. Man befestigte einen Stein an ihr und ertränkte sie im Rhein. Denkt daran, wenn ihr das nächste Mal einen Strap-on benutzt.

Umschnallen oder nicht umschnallen? Das ist hier die Frage.

Genau wie heute waren Dildos schon vor langer Zeit ein gebräuchliches Accessoire unter queeren Frauen. Nur waren sie damals noch nicht so adrig (was genau soll *das* eigentlich?!?). Die:der italienische Hengst:in Catterina Vizzani bzw. Giovanni Bordoni (1718–1743) war dafür bekannt, einen Lederdildo zwischen den Beinen zu tragen, mit dem sie:er über hundert Frauen beglückt haben soll.

Catterina begann ihre:seine Karriere als Schürzenjäger:in im Alter von gerade mal vierzehn Jahren, als sie:er sich im Handarbeitsunterricht in die gleichaltrige Margherita verknallte. Die Affäre dauerte zwei Jahre, bis Margheritas Vater sie in flagranti erwischte. Der Vater drohte, Catterina anzuzeigen, also floh sie:er aus der Stadt und nannte sich von nun an Giovanni Bordoni.

Giovanni war genauso charmant wie Catterina und erarbeitete sich schon bald den Ruf, reihenweise Frauen zu verführen. Zumindest, bis Giovanni sich in die Nichte eines Priesters verliebte. Giovanni wollte sie heiraten, doch der Priester verbot ihnen ihr Zusammensein, denn er kannte Giovannis Ruf nur zu gut. Dem Paar war das egal, und es beschloss, heimlich zu heiraten, ohne den Segen des Priesters. Doch zu Giovannis Pech erfuhr der Priester von dem Plan und schickte ihnen, noch ehe die beiden heiraten konnten, einen Verwandten auf die Fersen, der Giovanni ins Bein schoss. Im Krankenhaus gestand Giovanni Minuten vor seinem Tod einer Nonne, dass er:sie biologisch als Frau geboren worden war, und bat darum, in Frauenkleidern bestattet zu werden.

Nach Catterinas/Giovannis Tod versuchte ein Gerichtsmediziner eine physische Erklärung für etwas zu finden, das er »in der Tradition Sapphos« sah.

Zuerst entfernte er das Hymen (Jungfernhäutchen), dann die Klitoris, anschließend die Eileiter, den Darm, die Leber und die Gallenblase. Er untersuchte alles genauestens und setzte all sein Können und Wissen der menschlichen Anatomie ein. Und was fand er? Absolut gar nichts.

Vom anderen Ufer über den großen Teich

In Übersee, dort, wo später die USA entstehen würden, waren die europäischen Kolonist:innen eifrig dabei, Babys zu machen, während sie gleichzeitig die Menschen töteten, die bereits seit Jahrhunderten auf diesem Land lebten.

Einer dieser Kolonist:innen, ein Kleriker namens John Cotton (1585–1652), wollte ein Gesetz verfassen, das »unnatürliche, schmutzige Praktiken«, sprich gleichgeschlechtlichen Sex, unter Todesstrafe stellt. Niemand hörte auf John Cotton, weil die Siedler:innen viel zu sehr damit beschäftigt waren, entweder die Indigenen mit ihren fatalen europäischen Krankheiten anzustecken oder ihnen ihr Land zu rauben und sie abzuschlachten. Dennoch nahm Cottons Idee der »unnatürlichen, schmutzigen Praktiken« Fahrt auf.

In Plymouth County, nicht weit weg von dort, wo Cotton lebte, kam es derweil zu einem ersten Kuss zwischen der verheirateten Sarah White Norman (ca. 1623–1654) und der ebenfalls verheirateten Mary Vincent Hammon (1633–1705). Von diesem Tag an knutschten die beiden heimlich, wann immer sich die Chance bot, was schon bald in ausgewachsene Fingerspielereien in Marys Zimmer gipfelte.

Eines Morgens, nachdem Marys Ehemann das Haus verlassen hatte, schlüpfte Sarah in Marys Ehebett. Das Paar kam schnell zur Sache, wurde jedoch von Marys Ehemann erwischt, der unerwartet zurückgekehrt war. Sarah und Mary wurden daraufhin wegen »unzüchtigem Verhalten auf dem Bett« angeklagt. Sarah wurde verurteilt und gezwungen, öffentlich ihr »unkeusches Verhalten« zu gestehen, während Mary davonkam, womöglich, weil sie die Jüngere von beiden war.

()

Amerika wurde zum Zuhause von Immigrant:innen und Kolonist:innen aus aller Welt. Eine dieser Siedler:innen war die in Irland geborene Anne Bonny, die Anfang des 18. Jahrhunderts mit ihren Eltern nach South Carolina kam, wo die Mutter früh verstarb. Anne war in den örtlichen Kneipen Stammgästin und trank gern einen über den Durst. Zum Leidwesen ihrer Mitmenschen war sie betrunken eine Vollkatastrophe, die einmal ein Dienstmädchen erstach (schlecht), aber auch einen Mann, der sie zu vergewaltigen versuchte, krankenhausreif schlug (gut).

Annes Vater wünschte sich für seine Tochter einen netten Ehemann aus der Gegend. Anne wollte davon nichts wissen und heiratete stattdessen den windigen Abenteurer James Bonny. Ihr Vater wurde fuchsteufelswild und enterbte sie, woraufhin sich Anne betrank und seine Plantage niederbrannte. So ging das noch eine Zeit lang zwischen den beiden hin und her, bis Anne und ihr Mann in die Karibik flohen. Dort schoss sie der Legende nach direkt bei ihrer Ankunft einem Seemann ein Ohr ab, weil er es gewagt hatte, sich ihr in den Weg zu stellen.

Eines Tages lernte Anne den berüchtigten Piraten

John »Calico Jack« Rackham kennen. Die beiden waren so voneinander angetan, dass Calico Jack Annes Ehemann Geld anbot, wenn dieser einer Scheidung zustimmte. Der lehnte jedoch ab, so dass Anne mit Calico Jack durchbrannte und auf seinem Piratenschiff anheuerte. Da Frauen auf See als Unglücksbringer galten, verkleidete sich Anne als Mann. Als ein Schiffskamerad sie entlarvte, erstach ihn Anne kurzerhand.

An Bord kleidete sich Anne wie ein Pirat, redete wie ein Pirat und kämpfte wie ein Pirat. Dort traf sie auch auf den Haudegen Mark Read, der für sein Selbstbewusstsein und sein gutes Aussehen bekannt war. Mark Read war in Wirklichkeit eine Frau namens Mary Read, doch das wusste Anne noch nicht.

Mary war von ihrer Mutter von klein auf in Jungskleidung gesteckt worden, damit sie vom Erbe ihres toten Bruders leben konnten. Später nutzte sie ihre männliche Verkleidung, um auf einem Schiff anheuern zu können.

Es heißt, Anne Bonny und Mary »Mark« Read hätten sich ineinander verliebt in dem Glauben, jeweils einen Mann vor sich zu haben. Dann ging Anne in Marks Kabine, holte eine Titte raus und gab sich als Frau zu erkennen. Witzigerweise holte Mark daraufhin ebenfalls eine Titte heraus und die beiden trieben es wie die Karnickel. Calico Jack hatte keinen blassen Schimmer, was vor sich ging, wurde aber schon bald eifersüchtig auf die enge Beziehung zwischen Anne und Mark. Das führte zu einer peinlichen Szene, als Calico Jack in Annes Kabine stürmte und in ihrem Bett Mark mit entblößten Brüsten vorfand. Calico Jack war schockiert, aber auch erleichtert, denn ihm war es lieber, Anne vergnügte sich mit einer Frau als mit irgendeinem dahergelaufenen Piraten. Wem wäre das nicht lieber, Jack.

Anne und Mary genossen das Piratendasein und kämpften oft Seite an Seite. Bei einer Attacke auf ihr Schiff jedoch ließen Calico und seine Crew Anne und Mary mit den Angreifern zurück, während sie selbst sich feige unter Deck versteckten. Wutentbrannt eröffneten die beiden Frauen daraufhin das Feuer auf Calico & Co. statt auf ihre Feinde. Letztlich wurden alle geschnappt und vor Gericht gestellt.

Jungs hier entlang, Mädchen da entlang

Tribaden mischten inzwischen überall auf der Welt den Laden auf. Nicht nur als Pirat:innen, manche sogar als Mitglieder des Königshauses, wie Kristina, die einstige Königin von Schweden (1628–1689).

Kristina brachte ihr Leben lang das Hofprotokoll ziemlich durcheinander. Bei ihrer Geburt wurde sie für einen Jungen gehalten, mit ihrer großen Nase und so behaart, wie sie war. So weit, so sexy. Als ihr Vater, der damalige König, begriff, dass sie biologisch doch ein Mädchen war, erklärte er: »Das wird mal eine ganz Clevere, sie hat uns alle zum Narren gehalten!«

Von Kindesbeinen an beschloss Kristina, dass sie niemals heiraten würde, zumindest keinen Mann. Kristina war das, was einige »burschikos« nennen, aber da das ein albernes Wort ist, sagen wir einfach, sie hatte eine Schwäche für Hosen und ein großes Schwert. Als sie älter wurde, hofierte sie offen und hemmungslos Frauen, die ihr gefielen, wie ihre Kammerzofe Ebba Sparre. Die beiden begannen eine sexuelle Beziehung miteinander und Kristina stellte Ebba mitunter als ihre *Bettgenossin*[2] vor.

Irgendwann fing Kristina an, sich zu langweilen. Ebba hatte den Hof verlassen, und all die anderen Hofdamen hatte sie bereits vernascht. Außerdem wuchs der Druck auf sie, zu heiraten, also zog sie die Reißleine und dankte ab.

Daraufhin verließ Kristina in Männerkleidung das Land und verbrachte einige Zeit in den Niederlanden und Italien, immer auf der Jagd nach neuen Pussys.

Gender-bending gab es, wie wir gesehen haben, bereits lange vor Kristina. Anders als die Königin jedoch

---

2 Das wird ab sofort Teil meines aktiven Wortschatzes.

konnten die meisten ihre geschlechtlichen Identitäten nicht frei ausleben. Zu diesen Menschen gehörte Elena de Céspedes, die:der 1545 im spanischen Granada zur Welt kam. Elena wurde in die Versklavung hineingeboren, mit zwölf befreit, heiratete mit sechzehn und wurde schwanger. Elenas Ehemann verließ sie:ihn kurz darauf, so dass sie:er mit ihrem:seinem Baby zurückblieb. Da das 16. Jahrhundert für Frauen* nicht besonders viel übrig hatte (insbesondere nicht für Schwarze Frauen*) und Elena keine Möglichkeit hatte, den kleinen Sohn zu ernähren, musste es zur Adoption freigegeben werden. Sie sahen einander nie wieder.

Die Geburt von Elenas Sohn war physisch so einschneidend gewesen, dass die Haut über Elenas Harnleiter aufgeplatzt war und etwas zum Vorschein kam, das wie ein Penis aussah. Elena identifizierte sich von nun an als Eleno und führte fortan einen männlichen Lebensstil. Unter anderem arbeitete Eleno als Schneider und wurde letztlich im Selbststudium zu einem angesehenen Chirurgen. Eleno führte zudem erfolgreich sexuelle Beziehungen mit Frauen, wie Maria del Caño, die Eleno heiraten wollte.

Dazu benötigten sie die Erlaubnis des örtlichen Pfarrers. Dieser jedoch hegte Zweifel, weil Eleno keine Gesichtsbehaarung aufwies. Und ein Mann ohne Bart kann schließlich nicht die Ehe vollziehen, richtig?

Eleno wurde daraufhin einer furchtbaren und übergriffigen Untersuchung unterzogen, an deren Ende der Arzt zu dem Schluss kam, Eleno sei ein Mann – wenn auch mit einer zusätzlichen Spalte zwischen Penis und Anus. Der Fall landete dann doch noch vor Gericht und Eleno wurde der spanischen Inquisition überstellt – *der* spanischen Inquisition. Letztlich wurde Eleno zu zweihundert Peitschenhieben verurteilt, musste im Büßergewand durch die Innenstadt marschieren und zehn Jahre lang in einem Krankenhaus Dienst an den Armen ableisten.

Miese Ärzte, die das biologische Geschlecht je nach Tageslaune bestimmten (und dann oftmals ihre Meinung änderten), waren ein weitverbreitetes Phänomen, das zu schweren mentalen Erkrankungen führte. So weit, so wenig überraschend. Glücklicherweise gibt es aber auch Gegenbeispiele: Hin und wieder gelang es Menschen, die Deutungshoheit über ihr Gender und Geschlecht zurückzuerobern, wie Catharina Margaretha Linck (1687–1621).

Catharina lebte mal als Frau, mal als Mann. Dann wurde sie zu Anastasius Lagrantinus Rosenstengel, einem Soldaten mit dicker Hose, hinter der sich in Wirklichkeit ein selbstgemachter Lederdildo mit zwei Hodensäcken aus Schweineblase verbargen.

In den frühen 1700er Jahren lernte Anastasius Catharina Margaretha Mühlhahn kennen. Die beiden heirateten, doch ihre Ehe war nicht sonderlich glücklich. Zumal Catharina Margaretha Mühlhahn ihrem Angetrauten Anastasius (besser gesagt: Catharina Margaretha Linck) vorwarf, nicht richtig urinieren zu können und sich wunderte, wieso er sich immer auf die Schuhe schiffte. Das ist wirklich so passiert, man mag es kaum glauben. Die beiden trugen noch dazu denselben Vor- und Mittelnamen, was ziemlich witzig ist!

Catharina Margaretha Mühlhahn hatte zudem eine ziemlich nervige und übergriffige Mutter. Diese traute Anastasius nicht über den Weg, was letztlich zu einem Handgemenge führte, bei dem die Schwiegermutter ihm:ihr die Klamotten herunterriss, die Penisattrappe entdeckte und die Behörden informierte.

Die beiden Catharinas wurden wegen »Unzucht zwischen Frauen« vor Gericht gestellt und Linck einer unnötigen Untersuchung durch zwei Mediziner unterzogen, die an ihr »nichts hermaphroditisches, vielweniger Männliches« fanden.

Mühlhahn behauptete daraufhin, nichts davon geahnt zu haben und berichtete, lediglich anfangs starke Schmerzen an den Genitalien gehabt zu haben, wohl von der Reibung des selbstgemachten Lederdildos. Linck hielt jedoch entgegen, sie habe es sehr wohl gewusst und nicht nur ihre:seine Brüste geliebkost, sondern auch des Öfteren mit der Hand das Lederinstrument in ihre Vagina eingeführt, was sie nicht getan hätte, hätte es ihr keine Lust bereitet.

Schlussendlich wurde geurteilt, dass der Teufel an allem die Schuld trug und Catharina Margaretha Linck lebendig verbrannt werden sollte, aber da die Menschheit inzwischen weniger blutrünstig geworden war, befand man, sie solle erst geköpft und *dann* verbrannt werden.

War Catharina eine Lesbe? Bisexuell? Queer? Non-binär? Trans? Wir wissen es nicht. Alles, was wir wissen, ist, dass Catharina und Anastasius *existierten*, genau wie viele davor und danach.

LESBEN IN HÖHEREN POSITIONEN

Anfang des 17. Jahrhunderts war der britische Schriftsteller William King erzürnt. Er behauptete, Lady Frances Brudenell (auch bekannt als Countess of Newburgh) schulde ihm Geld, und verklagte sie. William verlor jedoch den Prozess, woraufhin er aus Rache ein satirisches Gedicht mit dem Titel *The Toast* schrieb. Darin porträtierte er Lady Frances als schamlose Hexe und Anführerin eines Lesbenklubs. Es war das erste Mal, dass das Wort »Lesbe« für gleichgeschlechtliche Anziehung unter Frauen verwendet wurde, und anders als bei »Tribade« setzte sich dieser Begriff durch …

William King war nicht der Einzige in England, der Satire verfasste.

Delarivier Manley (1663–1724) trieb auch ziemlich derbe Späße und parodierte regelmäßig Politiker des gesamten Landes. Aber anders als William war Delarivier eine Frau und somit nicht sicher. So wurde sie auch schon mal für ihre Schriften verhaftet und wegen Verleumdung angeklagt.

Delarivier Manley war die Quelle der Gerüchte, die damals herrschende Queen Anne sei lesbisch. Delarivier nahm dabei insbesondere Queen Annes Vertraute, Sarah Churchill, Duchess of Marlborough, und ihre vermeintlich romantische Verbindung ins Visier. Dies führte dazu, dass ihnen vorgeworfen wurde, es miteinander zu tun. Und Delarivier hatte recht, sie taten es wirklich miteinander! Es gibt sogar einen Film, der das beweist!

Queen Anne (Olivia Colman) und Sarah (Rachel Weisz) begegneten einander erstmals im Kindesalter. Sofort entstand eine enge Freundschaft zwischen ihnen und sie erfanden sogar Spitznamen füreinander: Anne war Mrs. Morley, und Sarah Mrs. Freeman. Als sie älter wurden, wurde ihre Bindung noch enger, und immer, wenn Sarah den Hof verlassen musste, schickte ihr Anne lange, schnulzige Liebesbriefe, in denen sie schrieb, wie sehr sie sie vermisste.

Als Anne dann zur Königin gekrönt wurde, übte Sarah im Hintergrund großen Einfluss aus und lenkte die Königin oft in ihren politischen Entscheidungen. Alles lief bestens, bis Sarah eines Tages ihrer Cousine Abigail Hill (Emma Stone) eine Anstellung bei Hof verschaffte. Die Queen fand Gefallen an Abigail, und schon bald war Sarah abgeschrieben. Sarah war außer sich vor Zorn und erpresste Anne, indem sie drohte, die Liebesbriefe aus Annes Feder zu veröffentlichen. Sarah veranstaltete zudem eine Schmierenkampagne gegen Abigail und komponierte unter anderem ein ziemlich witziges Lied, in dem es heißt, Abigail sei nichts weiter als eine dreckige Kammerzofe, die nicht mal schreiben kann. Zu Sarahs Leidwesen schien aber nichts von alledem zu funktionieren, und Queen Anne begehrte Abigail nur noch mehr.[3]

Die ganze Angelegenheit eskalierte, als Sarah Queen Anne beim Gottesdienst in aller Öffentlichkeit bloßstellte, weil diese nicht die Juwelen trug, die Sarah für sie ausgesucht hatte. Daraufhin wurde Sarah ihrer Funktion als Kammerzofe enthoben, und ihr Ehemann aufgefordert, Sarahs goldenen Schlüssel zu den königlichen Gemächern zurückzugeben. Und zwar nicht im übertragenen Sinne. In ihrer typischen Sarah-Art klaute sie der Königin daraufhin etliche tausend Pfund aus der Privatschatulle und demontierte sämtliche Schlösser von allen Türen in der Königinnenresidenz, die sie verlassen musste. Ganz ehrlich, wie kann irgendjemand glauben, queere Frauen seien eine Erfindung der Neuzeit, wenn die Geschichte von Queen Anne und Sarah

---

3 Nur dass ihr's wisst: Ich bin Team Sarah, aber möglicherweise liegt das daran, dass sie im Film von Rachel Weisz verkörpert wird.

Churchill doch die Quintessenz des lesbischen Dramas darstellt?

()

Queen Anne war nicht die einzige Königin, die sich in den dunklen Künsten der Frauenliebe probierte. Marie Antoinette, Königin von Frankreich, mischte ebenfalls mit. Marie war nicht unbedingt beliebt beim Volk; sie verprasste jede Menge Geld, aß wie Gott in Frankreich und schien sich wenig darum zu scheren, dass ihre Untertan:innen auf den Straßen verhungerten. Wenngleich, muss man fairerweise hinzufügen, Marie da wenig zu sagen hatte, da das der Job ihres Mannes, König Ludwig XVI., war.

Zumindest anfangs war es eine Liaison weniger aus Liebe, denn aus Kalkül, wurden sie doch schon als Kinder miteinander verheiratet, um eine politische Allianz zwischen Frankreich und Maries Heimatland Österreich zu schmieden. Die beiden passten überhaupt nicht zusammen. Ludwig war schrecklich schüchtern, unentschlossen und kühl. Marie hingegen war verschwenderisch, extrovertiert und enorm oberflächlich. Beide waren so offensichtlich überhaupt nicht aneinander interessiert, dass die Ehe sage und schreibe acht Jahre kinderlos blieb.

Natürlich war Marie schuld an den fehlenden Nachkommen. Da gibt man einer Frau eine *einzige* Aufgabe, und dann das. Die französische Presse wollte ihr unbedingt unter die Nase reiben, was für eine unbrauchbare Frau sie war und veröffentlichte Karikaturen über ihre offenkundig unzureichenden Geschlechtsorgane und verfasste Schmählieder über ihren Körper, der nicht in der Lage war, seiner gottgegebenen Aufgabe gerecht zu werden.

Marie hatte vielleicht nicht viel Interesse für ihren Mann übrig, dafür aber umso mehr für die Damen, und wurde einmal sogar dabei erwischt, wie sie sabbernd auf den Busen der englischen Autorin Mary Robinson stierte. Der Vorfall wurde später in Marys Memoiren erwähnt: »Sie schien mit größter Aufmerksamkeit eine Miniatur des Prince of Wales zu studieren, die Mrs. Robinson an der Brust trug.«

Doch es war die neunzehnjährige Witwe Marie-Louise von Savoyen, die Maries besondere Vertraute wurde. Marie war so angetan von Marie-Louise, dass sie sie regelmäßig mit Geschenken überhäufte und sie zur Vorsteherin des königlichen Haushalts machte, was für mich eher nach einer Strafe klingt, aber gut.

Marie und Marie-Louise schrieben einander leidenschaftliche Briefe, die sie mit »mein liebes Herz« einleiteten und mit »ein Herz auf ewig Dein« beendeten. Aber wie alle wollüstigen Königinnen hielt sich Marie Antoinette alle Optionen (und ihre Beine) offen. Bühne frei für Yolande Martine Gabrielle von Polastron.

Yolande galt in der Zeit vor der Französischen Revolution als schönste Frau Frankreichs. Marie zeigte ihre Zuneigung, indem sie Yolandes Schulden beglich, sie in einem riesigen Apartment in Versailles einquartierte, und zuletzt Yolandes Ehemann zum Grafen ernannte und somit Yolande zur Gräfin. Das veranlasste die Presse erneut dazu, sich zu Wort zu melden, und sie veröffentlichte tausende Pamphlete, in denen beide Frauen in diversen Sexstellungen dargestellt wurden.

Abgesehen davon ging das Ganze für Marie bekanntermaßen nicht gut aus, da sie im Zuge der Revolution ein grausiges Ende auf der Guillotine fand. Doch vor ihrem Tod war Marie ein letzter Abschied von ihrem Schatz vergönnt – nicht etwa Ludwig XVI., sondern Marie-Louise.

Marie-Louise wurde noch vor Marie Antoinette verhaftet und vor ein Tribunal gestellt, wo sie sich weigerte, ihren Hass gegen König und Königin zu beschwören. Daraufhin wurde sie draußen dem aufgebrachten Mob zugeführt, der sie zu Tode malträtierte. Man trennte ihren Kopf ab und brachte ihn zu dem Kerkerfenster, wo Marie Antoinette festgehalten wurde, und forderte sie auf, ihrer einstigen Geliebten einen Abschiedskuss zu geben. Also das war echt unnötig, Leute.

()

Drüben in Irland brachte die alleinstehende Lady Eleanor Butler (1739–1829) ihre adlige Familie in Verlegenheit, weil sie nicht verheiratet werden wollte. Unweit von Eleanor lebte die sechzehn Jahre jüngere Sarah Ponsonby (1755–1831), ebenfalls aus der aristokratischen Oberschicht, der es genauso ging. Eleanor wurde 1768 als Sarahs Lehrerin berufen, und sofort war da eine Anziehung zwischen ihnen. Frisch verliebt schmiedeten sie Pläne, zusammen das Land zu verlassen und ein Haus zu kaufen.

Im 18. Jahrhundert war es für zwei Frauen jedoch eher schwierig, zusammen durchzubrennen. Es sollte darum zehn Jahre dauern, bis sie ihren Plan in die Tat umsetzten. In der Nacht ihrer Flucht stieg Sarah als Mann verkleidet aus dem Fenster ihres Schlafzimmers, ihren Hund Frisk im Arm. Sarah und Eleanor trafen sich in einer Scheune, von wo aus sie mehrere Meilen zum Hafen ritten, um dort das Schiff nach England zu nehmen. Allerdings verpassten sie jedoch tragischerweise ihre Fähre und wurden schließlich von ihren Familien gefunden und nach Hause zurückgebracht.

Eleanor und Sarah sollten sich nach dem Wunsch ihrer Familien nie wiedersehen, und Eleanor wurde mit dem Kloster gedroht, auch wenn wir ja alle wissen, was dort so läuft. Eleanor schlug alle Warnungen in den Wind, lief davon und versteckte sich … in Sarahs Schlafzimmer.

Das ist ungefähr so effektiv, wie wenn ein Kleinkind sich hinter der Gardine versteckt und die Zehen rausragen. Doch schließlich gaben die Familien nach und ließen das Paar gehen, unter der Bedingung, dass sie nie mehr zurückkehrten. Euer Wunsch sei uns Befehl!

Die beiden ließen sich in einem kleinen, malerischen Dorf namens Llangollen in Nordwales nieder. Die Einheimischen tauften sie schon bald »Ladies von Llangollen«, weil sie Ladies waren und in Llangollen lebten. Originell, nicht? Eleanor und Sarah hingegen legten enorme Kreativität an den Tag, indem sie ihr Cottage in einem schicken Gothic-Style umdekorierten, Literatur studierten und mehrere Fremdsprachen lernten. Zudem empfingen sie jede Menge Freund:innen und neugierige Besucher:innen, die noch nie echte Lesben gesehen hatten. Darunter so illustre Gäste wie Mary Shelleys Ehemann Percy, den irren und gefährlichen Lord Byron und sogar den Premierminister Duke of Wellington.

Eleanor und Sarah lebten über fünfzig Jahre in trauter Zweisamkeit. Als sie starben, wollten die Einheimischen von Llangollen ihren Ruf als Lesbendorf loswerden und so beschlossen sie, dass man von nun an allen erzählen werde, die Ladies von Llangollen seien einfach nur gute Freundinnen gewesen. Freundinnen, die das Bett miteinander teilten, Sex miteinander hatten, sich gegenseitig »meine Liebste« und »meine bessere Hälfte«

nannten und wiederum Freundinnen mit sehr sprechenden Namen hatten, wie »Molly the Bruiser« (z. Dt. Molly, die Raufboldin)[4].

Die queere Weiberheldin tritt auf den Plan

Eine andere Persönlichkeit, die die Ladies of Llangollen besuchte, war die in West Yorkshire geborene legendäre Aufreißerin Anne Lister (1791–1840). Jede:r in der queeren Community kennt den Prototypen der lesbischen Aufreißerin, denn sie ist einfach zu erkennen. Für gewöhnlich tritt sie gut gekleidet und arrogant mit charmantem Spitznamen in Erscheinung. Sie ist klug, witzig und hervorragend im Bett, bringt vielfältige Mommy-Daddy-Issues, eine ausgeprägte Bindungsangst und eine merkwürdige Form von Verletzlichkeit mit, was sie gleichzeitig unfassbar narzisstisch und unfassbar anziehend macht, insbesondere, wenn sie ein Bier in der Hand hat.

Annes Spitzname lautete »Gentleman Jack«, wegen ihrer maskulinen Kleidung und ihrer Schwäche für die Ladies.

---

4 Jede Lesbe hat so eine »Molly, die Raufboldin« in ihrem Freundinnenkreis. Wenn dir niemand einfällt, dann bist du es vermutlich selbst.

Sie war zudem eine ziemlich erfolgreiche (und relativ privilegierte) Gutsbesitzerin, die sich nicht davor scheute, sich mit den ebenfalls erfolgreichen (und relativ privilegierten) Gutsherren der Gegend anzulegen. Wenngleich »Gentleman Jack« ursprünglich als Beleidigung gemeint war, wurde der Begriff bis zu einem gewissen Grad zurückerobert und positiv besetzt, ähnlich wie »Dyke« oder »queer«.

Annes Karriere als Verführerin begann bereits als Dreizehnjährige, als sie Eliza Raine traf. Die beiden teilten sich ein Zimmer im Internat, und wir alle wissen, was in Internaten passiert. Doch schon bald brach Anne ihr das Herz, als Eliza erfuhr, dass sich Anne mit anderen Schulkameradinnen vergnügte. Damals gehörte es zum Ritual unter Verliebten, sich gegenseitig Schamhaarbüschel zu schenken. Anne war so erfolgreich bei den Ladies, dass sie eine ganze Busch-Sammlung besaß.

Anne lebte auf dem extravaganten Landsitz Shibden Hall, den sie 1836 schließlich erbte. Das Haus war die ultimative Liebeshöhle und perfekt für Annes Eroberungen. Aber nach einer Frau, einer Auslandsreise und einer Bergbesteigung zu viel wollte Anne endlich eine Ehefrau an ihrer Seite. Ihre Wahl fiel auf Ann Walker, Annes wohlhabende, aber schrecklich schüchterne Nachbarin, und ein weiteres Beispiel für eine Lesbe, deren Geliebte quasi denselben Vornamen trägt, wenn man von dem

»e« am Ende absieht. Nachdem sie sich ziemlich ins Zeug gelegt hatte, schaffte es Anne, die introvertierte Ann zu bezirzen, und 1834 legten sie das Ehegelübde ab und tauschten Ringe aus. Sie besuchten auch den Gottesdienst in der Holy Trinity Church in York und nahmen gemeinsam die Kommunion entgegen, um ihre Ehe zu besiegeln. An der Kirche prangt inzwischen eine Gedenkplakette in Regenbogenfarben, die daran erinnert, dass hier die allererste lesbische Hochzeit stattfand.

Diesen Einblick in die Geschichte haben wir Anne Listers Tagebüchern zu verdanken. Ihr erstes Tagebuch begann sie im Alter von fünfzehn, und darin dokumentierte sie so ziemlich alles, was in ihrem Leben vor sich ging, inklusive ihrer sexuellen Begegnungen, die in einer Art Code verschlüsselt sind.

In ihrem Tagebuch führt sie auch einige Tipps und Tricks an, wie man Frauen verführt. Wollte Anne beispielsweise herausfinden, ob eine Mieze auf Muschis stand, fragte sie sie, ob sie die skandalträchtigen Werke von Lord Byron kannte, und konnte an ihrer Reaktion ablesen, woran sie war.

Lord Byron war so was wie *der* Skandalautor seiner Zeit. Eine vielleicht etwas plumpe Flirttechnik, zugegeben, aber sie funktionierte, und es zeigt uns, dass Anne ihre Sexualität als Identität begriff. Und auch außerhalb von West Yorkshire ging es munter queer weiter.

Nehmen wir beispielsweise die Heldin der Arbeiterklasse Wu Zao (1799–1862), chinesische Schriftstellerin, Musikerin, Malerin und Badass-Allroundtalent, das es irgendwie schaffte, Lesen und Schreiben zu lernen in einer Zeit, da Frauen aus niederen Ständen keinen Zugang zu Bildung hatten. Zao beschäftigte sich in ihren Werken vorwiegend mit der Rolle von Frauen in der Gesellschaft und wie man sich ihr entziehen kann. Darunter eine Oper (ja, sie hat tatsächlich auch Opern geschrieben!), in der unter anderem eine Crossdresserin vorkommt, die die Geschlechterrollen infrage stellt. Eine Oper, die eigentlich in jedem Jahrhundert ziemlich relevant sein dürfte. Genau wie Anne Lister hatte Zao Zeit ihres Lebens etliche Beziehungen, Affären, Geliebte und Gefährtinnen, angefangen bei Konkubinen über Sexarbeiterinnen bis hin zu Kurtisanen.

Überraschenderweise waren die Dichter und Gelehrten damals verrückt nach ihren Liedern und Gedichten. So sehr, dass sie anfingen, sie in ganz China vorzutragen. Als die Leute schließlich herausfanden, wovon die Lieder und Gedichte *wirklich* handelten, hörten sie damit auf, und Wu Zao wurde unter einer dicken Schicht Heteronormativität begraben und nie wieder erwähnt.

Insofern ja, Lesben und queere Frauen im Allgemeinen versuchten überall auf der Welt ihre Identität zu definieren und setzten sich damit schaffend und liebend auseinander. Wie wunderbar!

> ***»Wäre ich ein Mann, wärst du für mich die ideale Ehefrau gewesen.«***
>
> Charlotte Brontë an »Freundin« Ellen Nussey

Nur einige Meilen von Anne Lister entfernt verliebte sich die legendäre Autorin Charlotte Brontë (1816–1855) in Ellen Nussey. Sie begegneten einander in der Schule, und nicht nur war es Liebe auf den ersten Blick, sondern sie hielt auch sage und schreibe vierundzwanzig Jahre lang und wurde von fünfhundert Liebesbriefen begleitet. Die beiden waren so ineinander vernarrt, dass Charlotte sogar kurz erwog, Ellens Bruder Henry zu heiraten, nur, damit sie mit Ellen im selben Haus leben konnte. Aber Henry war zu langweilig, selbst als Alibi-Ehemann.

Damals wurden Frauen sogar teilweise ermutigt, miteinander intim zu werden. Aber freut euch nicht zu früh: Es ging lediglich um eine Art Trockenübung, bevor man sich für immer zum Ritt auf dem Penis verpflichtete. Das Gefühlsleben von Frauen wie Charlotte und Ellen wurde deshalb völlig übersehen, selbst wenn sie Dinge schrieben wie: »Ich fürchte, ich empfinde zu viel für dich ...«, und »Wäre ich ein Mann, wärst du für mich die ideale Ehefrau gewesen …«, oh und: »Du solltest zuerst sanft geküsst und hinterher genauso sanft ausgepeitscht werden …« und »Ellen, ich wünschte, ich könnte für immer mit dir zusammenleben. Ich hänge noch mehr an dir als je zuvor. Hätten wir unser eigenes Cottage und unsere Eigenständigkeit, dann, so glaube ich, könnten wir bis an unser Lebensende leben und lieben, ohne unser Glück von Dritten abhängig zu machen …«. Und zu guter Letzt: »Weniger denn je zuvor verspüre oder erahne ich Freude, solange diese Arbeit nicht verrichtet ist. Und dennoch setze ich mich nachts oft im Bett auf, denke an dich und sehne mich nach dir …«.

Das Wort »übersehen« kommt mir in diesem Kontext viel zu schwach vor. »Unter den Teppich gekehrt« trifft es eher.

Charlotte hatte mehrere Heiratsanträge abgelehnt, seit sie Ellen kannte. Aber da wir uns zu Beginn des Viktorianischen Zeitalters befinden und dieses für seinen Hass auf Frauen bekannt ist, genau wie eigentlich jedes andere Zeitalter, musste Charlotte schließlich einen Heiratsantrag annehmen, um ihren alten Vater zu unterstützen. Verflucht seist du, Patriarchat!

Ellen war über diese Nachricht erschüttert – und brach zunächst ihre Briefkorrespondenz mit Charlotte ab. Sie wollte ihr ihre Heiratspläne ausreden und versuchte sogar, eine gemeinsame Freundin einzuspannen, die ihr praktisch sagte, sie solle darüber hinwegkommen und Charlotte ihr Ding machen lassen. Charlotte heiratete tatsächlich und die Ehe hielt *ein ganzes Jahr lang*, ehe sie 1855 starb.

Ellen verwendete den Großteil ihres restlichen Lebens darauf, die Erinnerung an Charlotte Brontë lebendig zu halten. Vielen Historiker:innen war Ellens Anteil an der Geschichte dieser britischen Literaturlegende jedoch ein Dorn im Auge, und so beschlossen sie, sämtliche Spuren von ihr stillschweigend zu beseitigen.

Jahrelang wurde spekuliert, dass sich Charlotte Brontë und Anne Lister gekannt haben könnten, insbesondere wenn man sich Charlottes Roman *Shirley* ansieht, der von einer Gutsbesitzerin in Yorkshire handelt, die ein Faible für Frauen hat. Außerdem lebte Charlottes Schwester Emily, ebenfalls Autorin, nur Minuten von Shibden Hall entfernt. Damals waren Anne Lister und Ann Walker bereits ein paar Jahre verheiratet, was, wie wir alle wissen, in Lesbenzeitrechnung praktisch ein paar Jahrhunderten gleichkommt.

Tragischerweise starb Anne 1840 mit gerade einmal neunundvierzig Jahren bei einer Reise durch Georgien im Kaukasus. Ann ließ Annes Leiche einbalsamieren und nach England verschiffen, damit sie in derselben

Kirche wie ihre Vorfahren beerdigt werden konnte. Das nenne ich Liebe.

Annes Tagebücher blieben vergessen, bis sie Mitte der 1890er Jahre vom letzten Bewohner von Shibden Hall, John Lister, gefunden wurden. John hatte Mühe, den Code zu entziffern und bat seinen Kumpel Arthur Burrell um Hilfe. Gemeinsam gelang es ihnen, den Code zu knacken, aber als ihnen klar wurde, was sie da gefunden hatten, riet Arthur John, alles zu verbrennen. Glücklicherweise hörte John nicht auf ihn und versteckte die Aufzeichnungen stattdessen unter den Dielen in Shibden Hall.

Die Tagebücher wurden schließlich erneut gefunden und in den 1980er Jahren von der Schriftstellerin Helena Whitbread entschlüsselt, die das Material veröffentlichte, um es der ganzen Welt zu zeigen. Viele Leute hielten die Tagebücher für gefälscht, schließlich gab es in der Vergangenheit keine Frauen, die Frauen liebten, und selbst wenn es welche gegeben hätte, hätten sie bestimmt nicht über Liebe und … Sex geschrieben, nicht wahr? Wie man sieht, hätten sie das wohl. Lesben lieben es, sich zu verlieben. Das gehört zu ihren Lieblingsbeschäftigungen, genau wie Haustiere zu halten, die man seine Kinder nennt, gemeinsam lange Spaziergänge zu unternehmen und sich einen Bart anzumalen, wenn man betrunken ist. Außerdem lieben Lesben Sex. Und wisst ihr was? Lesben hatten *damals* Sex und sie haben *heute* Sex, auch wenn das mit dem Schamhaarsammeln ein bisschen aus der Mode gekommen zu sein scheint, sofern ich nichts verpasst habe …

HIER UND DORT UND ÜBERALL

Eines schönen Tages im Jahr 1918 packte Eleanor Roosevelt den Koffer ihres Mannes aus und fand hinter einem Waschlappen versteckt ein paar schlüpfrige Liebesbriefe. Die Briefe lasen sich vermutlich ungefähr wie folgt:

Lieber Franklin,
du bist schon ziemlich sexy. Du bist ein Roosevelt, wie er mir gefällt.
In Liebe, Lucy Mercer (deine persönliche Sekretärin)

Eleanor und Franklin hatten nie eine sonderlich leidenschaftliche Beziehung geführt. Tatsächlich hasste Eleanor den Sex mit Franklin und äußerte einmal gegenüber ihrer Tochter, es sei »eine Tortur, die man ertragen muss« – bisschen merkwürdig, so etwas zu seiner Tochter zu sagen, aber mir steht da auch gar kein Urteil zu.

Diese Entdeckung führte jedenfalls dazu, dass Eleanor Franklin die Scheidung anbot. Sich scheiden zu lassen, hätte jedoch Franklins politische Karriere zerstört, also blieben sie verheiratet, wenngleich Eleanor diesen Umstand als Druckmittel zu nutzen wusste. Vor den Kameras war sie die treu ergebene Ehefrau des künftigen Präsidenten. Hinter verschlossenen Türen ging sie ihren eigenen Interessen nach, spielte Feldhockey, flog mit der Pilotin Amelia Earhart, engagierte sich für eine Hilfsorganisation zugunsten von Marinesoldaten und ihren Angehörigen und schloss sich der Frauengewerkschaft an. Ihr ahnt, worauf ich hinauswill …

Obwohl Eleanor in eine wohlhabende, privilegierte Familie geboren wurde, war ihre Kindheit unglücklich. Im Alter von zehn Jahren waren bereits beide Elternteile gestorben, und die Waise musste anscheinend vor einigen zwielichtigen, perversen Onkeln beschützt werden. Mit fünfzehn wurde sie auf das Mädcheninternat Allenswood Boarding Academy in London geschickt, was einen enorm positiven Einfluss auf ihr Leben hatte, hauptsächlich, weil es von der queeren Mademoiselle Marie Souvestre geführt wurde. Mademoiselle Marie Souvestre war jene Art von Lehrerin, die alle heimlichen Lesben gern vernascht hätten. Sie war schön, faszinierend, intelligent und Feministin. Außerdem ermutigte sie ihre Schülerinnen, selbst zu denken, etwas, das Eleanor sofort ansprach.

Leider wurde Eleanor nach einigen Jahren in Allenswood wieder zurück nach New York geholt, damit sie dort in die Gesellschaft eingeführt werden konnte. Kurz darauf lernte sie bei einer Zugreise ihren Cousin fünften Grades, Franklin Delano Roosevelt, kennen. Der Rest ist, könnte man sagen, heteronormative Geschichte.

New York war schon damals eine aufregende Metropole mit einer bunten Mischung aus Prominenten, Theaterliebhaber:innen und politischen Persönlichkeiten, die allesamt miteinander … verkehrten. Die Einwohnerzahl war zudem explodiert, seit Schwarze aus dem segregierten Süden nach Norden auswanderten, und die neu eröffnete Grand Central Station es den Leuten ermöglichte, einfacher zwischen den Städten zu pendeln. In unserem Fall konnten insbesondere *Lesben* so einfacher zwischen den Städten pendeln.

Der Handarbeitskreis

In den 1920er Jahren gab es den Begriff »Der Handarbeitskreis«, der die wachsende Untergrund-Lesbenszene in den USA bezeichnete. Der New Yorker Handarbeitskreis wurde dabei von der Schriftstellerin und Womanizerin Mercedes de Acosta gekapert, die vermutlich mit jeder ledigen Frau, ob hetero oder nicht, an der

Ostküste schlief. Irgendwann machte sich Mercedes auch daran, Hollywood zu erobern, um eine Karriere in der Filmbranche zu starten und, natürlich, neue Frauen kennenzulernen. Dort legte sie die Hälfte der Hollywood-Ladies flach und brüstete sich oft mit der Aussage, sie könne jedem Mann jede Frau ausspannen. Das war natürlich eine Kampfansage, aber Mercedes war so was wie Anne Lister auf Steroiden.

Es dauerte nicht lang, bis Mercedes auch den Handarbeitskreis von Hollywood infiltriert hatte, wozu Namen wie Katharine Hepburn, Judy Garland, Joan Crawford, Hattie McDaniel, Barbara Stanwyck, Tallulah Bankhead und die atemberaubende schwedische Einzelgängerin Greta Garbo gehörten.

Mercedes war sofort hin und weg von Greta und verwandelte sich innerhalb kürzester Zeit in ein nervliches Wrack. Erstaunlicherweise schaffte es Mercedes irgendwie, die unzugängliche Schauspielerin zu erobern und die beiden begannen eine holprige Beziehung, in der Greta zweifellos den Ton angab.

Mercedes war sofort bei: »Ich liebe dich.«

Greta hingegen blieb bei: »Ich möchte allein sein.«

Letzten Endes brach Greta Mercedes das Herz. Was allerdings okay war, denn ungefähr zur selben Zeit stand schon die deutsche Schauspielerin und Bi-Sexbombe Marlene Dietrich bereit. Marlene war eine berüchtigte

Herzensbrecherin. Bevor sie es bei Mercedes probierte, hatte Marlene ein Techtelmechtel mit Greta gehabt. Greta war nach dieser Liebschaft offenbar so am Boden zerstört, dass sie vorgab, Marlene nie getroffen zu haben.

Marlene mochte Mercedes, und Mercedes mochte Marlene. Irgendwann wurde es ernst zwischen ihnen und sie gingen sogar zusammen mit ihren Hunden Gassi. Doch trotz dieses Commitments machten sie ihre Liebe nie offiziell.

Mercedes war noch immer in Greta verliebt und würde über diese Liebe nie hinwegkommen. Marlene war derweil damit beschäftigt, mit Tallulah Bankhead anzubandeln.

Tallulah Bankhead, die sich bei Partys gerne vorstellte mit den Worten: »Guten Tag, ich bin Lesbe, und was machen Sie so?«, scheute sich nicht, ihre Sexualität offen zu zeigen. Einmal behauptete sie, sie habe mit insgesamt über fünftausend Leuten geschlafen, darunter Greta Garbo, Marlene Dietrich und Hattie McDaniel. Sie war auch mit Eleanor Roosevelt befreundet, allerdings rein platonisch, zumal diese schon alle Hände voll zu tun hatte mit der whiskeytrinkenden, zigarrerauchenden, flanellhemdtragenden Lorena »Hick« Hickok.

Hick war die Sorte Lesbe, die wahrscheinlich auch ihre eigenen Tampons aus Zellstoff rollte. Ihr wisst schon, die Art von Lesbe, die sich vom Patriarchat nichts sagen lässt und ihr eigenes Ding durchzieht. Außerdem war sie als Journalistin tätig, was damals als unziemlicher Beruf für eine Frau galt. Man stelle sich vor, sie schrieb sogar über Sport. Unerhört!

1928 hatte Hick Gelegenheit, Eleanor Roosevelt zu interviewen. Offenbar hatte sie dabei so viel Spaß, dass sie ihren Redakteur überzeugte, Eleanor während Franklins erstem Wahlkampf 1932 hautnah zu begleiten (zwinker, zwinker). Die beiden freundeten sich schnell an, woraus eine Liebesbeziehung entstand, und schon ein Jahr später waren sie praktisch unzertrennlich. Bei Franklins Vereidigung als Präsident trug Eleanor sogar einen Saphirring, den ihr Hick geschenkt hatte. Doppelt unerhört!

Eleanor und Hick schrieben sich Zeit ihres Lebens Tausende unfassbar romantische Briefe. Die Geschichtsschreibung hält dennoch, wie sollte es anders sein, bis heute an ihrer Straightwashing-Version fest, und das, obwohl es unwiderlegbare Beweise für ihre feurige Liebe gibt. Etwa ihre Briefe …

DER »ICH VERMISSE DICH«-BRIEF. 5. MÄRZ 1933

Hick, meine Liebste,
ich kann an diesem Abend nicht zu Bett gehen, ohne noch ein Wort an dich gerichtet zu haben. Es hat sich heute Abend ein wenig so angefühlt, als ginge ein Teil von mir. Du bist so sehr Teil meines Lebens geworden, dass es sich ohne dich leer anfühlt, wenngleich ich keine Minute ruhe und vollauf beschäftigt bin.

DER »ICH LIEBE DICH«-BRIEF. 6. MÄRZ 1933

Hick, Liebling,
oh, wie gut es getan hat, deine Stimme zu hören! Es war völlig unzureichend, als ich versucht habe dir klarzumachen, was ich meinte, aber Jimmy war in der Nähe und so konnte ich nicht einfach »Je t'aime et je t'adore« sagen, wie ich es gerne getan hätte. Aber denk immer an diese Worte und dass ich zu Bett gehe und an dich denke.

DER »ICH HABE DEN GANZEN TAG VON SEX MIT DIR GETRÄUMT«-BRIEF. 7. MÄRZ 1933

Hick Liebling,
ich habe den ganzen Tag an dich gedacht … oh! Ich wünschte, ich könnte meine Arme um dich legen, ich sehne mich nach deiner Nähe. Dein Ring ist ein großer Trost, ich betrachte ihn und denke mir, sie liebt mich, sonst würde ich ihn nicht tragen!

DER »ICH MÖCHTE DICH KÜSSEN«-BRIEF. 5. DEZEMBER 1933

Nur noch acht Tage. In vierundzwanzig Stunden werden es nur noch sieben sein – gerade mal eine Woche! Ich habe heute versucht, mir dein Gesicht zu vergegenwärtigen – mich zu erinnern, wie du eigentlich aussiehst. Seltsam, wie selbst das liebste Gesicht mit der Zeit in der Erinnerung verblasst. Am deutlichsten erinnere ich mich an deine Augen, mit einer Art neckendem Lächeln darin, und an das Gefühl meiner Lippen, die jene weiche Stelle knapp links über deinem Mundwinkel berühren. Ich frage mich, wie es sein wird, wenn wir uns wiedersehen, was wir sagen werden. Also, ich bin ziemlich stolz auf uns – du nicht? Ich finde, wir haben das ganz gut hingekriegt.

DER »ICH BIN NEIDISCH AUF DEINE EX, GEBE ES ABER NICHT ZU«-BRIEF. 4. FEBRUAR 1934

Ich fürchte mich vor der Reise in den Westen und bin froh, dass Ellie bei dir ist, wenngleich ich auch das ein wenig fürchte, aber ich weiß, ich muss lernen, deine Vergangenheit und deine Freundinnen zu akzeptieren, damit es später nichts Unausgesprochenes zwischen uns gibt, und vielleicht können wir einiges im Sommer nachholen. Es wird mir so vorkommen, als wärst du schrecklich weit weg, und das macht mich einsam, aber wenn du glücklich bist, kann ich das ertragen und mich mit dir freuen. Liebe ist seltsam, sie schmerzt, aber gibt einem so viel zurück!

DER »ICH HABE DEINEM HUND EIN GESCHENK GEKAUFT UND DAMIT ALLE LESBENKLISCHEES ERFÜLLT«-BRIEF. 27. DEZEMBER 1940

Nochmals vielen Dank, du Liebe, für all deine lieben Gesten und Taten. Ich liebe dich mehr als jeden anderen auf der Welt, abgesehen von Prinz, der übrigens am Sonntag dein Geschenk an ihn auf der Fensterbank in der Bibliothek entdeckt hat.

Leider hat Hick in einem Anflug von Panik viele von Eleanors expliziteren Briefen verbrannt. Argh! Wieso verbrennt immer irgendwer die Briefe?! Vielleicht, weil es Zeiten gab, in denen man dafür, man selbst zu sein, in ständiger Furcht leben musste, seinen Ruf oder sein Leben zu verlieren? Ach so, stimmt, deshalb.

Lesbische Jazzsängerinnen?

Währenddessen hatte sich Eleanors gute Freundin Tallulah mit der Sängerin Billie Holiday angefreundet. Die beiden begegneten sich Anfang der 1930er Jahre erstmals bei einer von Tallulahs berüchtigten Hollywood-Partys, bei denen es im Drogen- und Alkoholrausch keinerlei Grenzen gab. Tallulah war damals bereits berühmt, aber Billie stand noch ganz am Anfang ihrer Karriere. Ein Jahrzehnt später schaute Tallulah regelmäßig bei Broadway-Auftritten von Billie (inzwischen eine der berühmtesten Jazzsängerinnen der Welt) vorbei. Tallulahs Besuche wurden zu einem festen Ritual, und so bekam sie ihren eigenen Ehrenplatz. Aus der Freundschaft entwickelte sich eine stürmische Beziehung, die durch einen exzessiven Drogenkonsum umso intensiver wurde. So intensiv, dass Tallulah darauf bestand, bei ihren Rendezvous im Theater die Garderobentür offen stehen zu lassen.

1956 beschloss Billie, in ihrer Autobiograhie auch über ihre Beziehung zu Tallulah zu schreiben. Aus Höflichkeitsgründen bat sie ihren Verlag Doubleday, Tallulah ein Exemplar des Manuskripts zu schicken, um sicherzugehen, dass sie damit einverstanden war, was im Buch über sie stand. Tallulah war *nicht* einverstanden und schrieb zurück: »Schätzchen, wenn du all diese Dinge über mich im Billie-Holiday-Buch veröffentlichst, verklage ich dich um jeden verfluchten Cent, den Doubleday damit macht.«

Billie beeindruckte das wenig und antwortete mit einem der besten Briefe in der Geschichte des Schriftverkehrs:

Liebe Miss Bankhead,

ich dachte, wir wären Freundinnen. Deshalb steht in meinem Buch nichts, das dir gegenüber unfreundlich, ungnädig oder verleumderisch wäre. Denn ich wollte dich nicht in den Dreck ziehen. Ich habe letzten Monat sechsmal versucht, dich ans verdammte Telefon zu kriegen, um dir allein schon anstandshalber von dem Buch zu erzählen. Die blöde Kuh am anderen Ende, die sich als du ausgibt, hat mir jedes Mal gesagt, ich solle später noch mal anrufen, und wenn ich es tat, fing das ganze Spiel von vorne an, bis ich aufgab. Aber als ich dann mal aus

beruflichen Gründen nicht in der Stadt war, hattest du kein Problem damit, mit Doubleday zu sprechen und hinter meinem verdammten Rücken zu unterstellen, ich hätte die mit dir erwähnten Begebenheiten verdreht und/ oder erfunden. Baby, Cliff Allan und Billy Heywood leben noch. Meine Bedienstete, die mit mir im Strand Theater war, lebt auch noch. Es gibt lauter andere Leute, die sich daran erinnern, wie du damals [bei offener Tür im Theater, Anm. d. Red.] weitergemacht hast, so dass man mich fast gefeuert hätte. Aber wenn du dich beschissen aufführen willst, können wir gern gleich eine große Scheißparty draus machen und so richtig aufdrehen.
Ich weiß nicht, ob einer deiner verdammten Anwälte dir vorschreibt, was du sagen sollst und was nicht. Aber ich schreibe dir, um dir die Chance zu geben, rasch zu antworten und dich bei mir und Doubleday zu entschuldigen. Lies mein Buch noch einmal. Soweit ich weiß, haben sie dir eine Kopie des Manuskripts geschickt. Darin steht nichts, das dich verletzen soll. Falls du das anders siehst, lass uns darüber reden, so wie ich es letzten Monat versucht habe. Das Buch geht gerade in den Druck, insofern ist keine Zeit für irgendwelche Spielchen. Reiß dich zusammen, Banky. Niemand versucht, dich in den Dreck zu ziehen.
Billie Holiday

Letzten Endes wurde Tallulah im Buch nur einmal erwähnt als Freundin, die hin und wieder vorbeikam, um mit ihr Spaghetti zu essen. Spaghetti?! So nennt man das also.

WOFÜR IST KRIEG GUT? LESBEN!

1854, wenige Jahre vor Ausbruch des Amerikanischen Bürgerkriegs, lernte die Hausangestellte Addie Brown Rebecca Primus kennen, die Tochter einer bedeutenden Familie in Connecticut.

Die beiden Frauen wurden in Freiheit geboren, was hieß, sie mussten nie den Horror der Versklavung durchleben, der im Süden der USA zu jener Zeit noch zur gängigen Praxis zählte. Beide überlebten den Bürgerkrieg und 1865 wurde Rebecca gebeten, Connecticut zu verlassen und in den Süden zu ziehen, um eine Schule für gerade befreite Afroamerikaner:innen aufzubauen. In der Zwischenzeit hatte sich zwischen Addie und Rebecca eine intensive und leidenschaftliche Beziehung entwickelt, insofern war der Umzug eine enorme Belastungsprobe.

In den folgenden Jahren schrieben sich Addie und Rebecca Briefe, in denen sie ihrer Liebe füreinander

Ausdruck verliehen. In einem ihrer Briefe schrieb Addie: »Oh, meine liebe, liebe Rebecca, wenn du mich an deinen geliebten Busen drücktest … wie glücklich war ich da! Letzte Nacht hätte ich mir nichts sehnlicher gewünscht als meinen armen, schmerzenden Kopf an deinen Busen zu legen. Oh, Liebste, wie lange noch, bis es so weit ist …«.

Je mehr Zeit verstrich, desto frustrierter wurde Addie. Es war lange her, seit sie Rebecca zuletzt gesehen hatte, und sie fürchtete, Rebeccas Gefühle für sie könnten sich geändert haben. Um das herauszufinden, wendete Addie den ältesten Trick der Geschichte an und versuchte, Rebecca eifersüchtig zu machen, indem sie andeutete, eine Kollegin stehe auf sie: »Die Mädchen sind alle sehr nett zu mir. Entweder gehe ich in ihr Zimmer oder sie in meins; jeden Abend sind wir bis zehn und später unterwegs. Eins der Mädchen will bei mir schlafen. Vielleicht werde ich es ihr eines Abends erlauben.«[5]

Es funktionierte. Rebecca schrieb alarmiert zurück, woraufhin Addie schnell zurückruderte: »Falls du jetzt denkst, dass das Mädchen es auf meinen Busen abgesehen hatte, dann wurde sie bitter enttäuscht, denn ich lag die ganze Nacht mit dem Rücken zu ihr und mein Nacht-

5 Wie man Lesben antörnt – indem man um Erlaubnis fragt.

hemd war bis oben hin zugeknöpft, so dass sie nicht an meinen Busen herankam.«

Der Briefwechsel hielt sechzehn Jahre lang an und endete erst, als Addie mit gerade einmal achtundzwanzig Jahren starb.

Ihre Beziehung ist aus mehreren Gründen bemerkenswert. Zum einen gibt es wenige konkrete Belege für Sex und Liebe zwischen zwei Frauen während des Amerikanischen Bürgerkriegs, zum anderen waren beide Schwarz und stammten aus völlig unterschiedlichen Verhältnissen, da Addie der Arbeiterklasse entsprang und Rebecca dem Bildungsbürgertum.

()

Bürgerkriege waren auch 1936 noch en vogue, als in Spanien die rechtsgerichteten Putschisten unter Franco gegen die linksgerichteten Demokraten kämpften. Der Krieg endete zugunsten der Putschisten, doch die Linke ließ sich davon nicht unterkriegen, fragt nur mal Lucía Sánchez Saornil. Das heißt, das könnt ihr gar nicht, denn sie ist tot, aber ihr wisst, was ich meine.

Lucía wurde 1895 in Madrid geboren. Anders als viele Frauen zu jener Zeit, war Lucía gebildet und besuchte die Königliche Akademie der Schönen Künste von San Fernando. Sie war auch Schriftstellerin und schrieb während des Bürgerkriegs über den Anteil, den Frauen in der Verteidigung ihres Landes spielten.

Auch wenn es so klingen mag, als sei sie Feministin gewesen, verstand sie sich nicht als solche. Lucía war der Ansicht, Feminismus sei etwas für Snobs der Oberschicht, die Gleichberechtigung für wohlhabende Frauen forderten, nicht aber für die Arbeiterklasse. Stattdessen verschrieb sich Lucía der militanten Anarchie, kämpfte gegen starre Rollenbilder und war Mitbegründerin der Organisation Mujeres Libres (Freie Frauen), die sich mit Themen wie Sexismus, Frauenbefreiung und gesellschaftlicher Revolution auseinandersetzte. Oh, und sie war super gay.

1937 lernte Lucía América Barrosa kennen. Die beiden gingen eine lebenslange Beziehung ein und waren gezwungen, Spanien zu verlassen, als Franco die Macht ergriff.

Berlin: queere Oase

1933 wurde Adolf Hitler zum Reichskanzler gewählt, und es brachen finstere Zeiten an. Zuvor, in den 1920er Jahren, war Berlin das Eldorado für Homosexuelle gewesen. Es war zwar nicht ganz legal, aber queere Menschen wurden toleriert, da die Bedeutung von Religion abnahm und man eine progressivere Haltung hinsichtlich Sex und Gender an den Tag legte. Homosexuelle übernahmen diese entspannte Haltung und gaben ihren Gay-Bars total gaye Namen, etwa das Café »Dorian Gray« oder der Tanzpalast »Zauberflöte«. Und das Beste daran? Dorthin gingen nicht nur queere Männer – queere Frauen durften dort auch feiern. Endlich!

Eine dieser Frauen war Lotte Hahm. Lotte war Inhaberin des »Damenklub Violetta«, des angesagtesten Lesbenklubs in Berlin. Sie war eine wichtige Figur der Lesbenszene und schrieb u. a. für die Zeitschrift *Die Freundin*.

Nicht lange nach Hitlers Machtergreifung musste der Klub schließen, wurden gleichgeschlechtliche Tanzveranstaltungen verboten, und am 8. März 1933 erschien das letzte Heft der *Freundin*.

Was genau mit Lotte Hahm geschah, ist in der Forschung umstritten. Die einen sagen, sie wäre verhaftet und im Konzentrationslager gefoltert worden, woraufhin sie gelähmt nach Berlin zurückkehrte und dort bis zu ihrem Tod weiter Untergrund-Veranstaltungen organisierte. Neuere Forschungen wiederum behaupten, sie wäre nie im KZ gewesen, sondern hätte stattdessen eine Pension auf Hiddensee geführt – definitiv die schönere Version.

In jedem Fall war Lotte Hahm eine sehr lebensbejahende Lesbe, die die Berliner Szene prägte. Und damit war sie nicht allein. Die Kabarettkönigin und Sängerin Claire Waldoff war für ihre Schlagfertigkeit, Zweideutigkeiten und ihre Berliner Schnauze bekannt, die sie bei ihrer erfolgreichen Kabarettshow zur Schau stellte. Zur gleichen Zeit betrieb Claires Freundin, Olga »Olly« von Roeder, einen beliebten kulturell-politischen Salon, den sie in ihrer gemeinsamen Wohnung abhielt. Der Salon zog Entertainerinnen aus ganz Berlin an, darunter Marlene Dietrich, was wenig überrascht. Claire und Olly waren ziemlich ineinander verknallt, so verknallt, dass Claire später in ihrer Autobiographie schrieb: »Wir hatten beide das große Los aneinander gezogen … Olly ist überhaupt ein seltener, lauterer Charakter, ein wunderbarer Mensch.«

Das nenne ich mal #lesbiangoals.

Die Nazis mochten Claire und Olly nicht, ebenso wenig wie ihren fröhlichen Lesbenfanclub. Deshalb bekam Claire 1933 ein Auftrittsverbot und es wurden Gerüchte gestreut, sie hätte Selbstmord begangen – eine klare Warnung. Hatte sie aber nicht. Nachdem sie den Nazis ihren Ariernachweis vorgelegt hatte, durfte sie wieder auftreten. Doch die Freude darüber währte nicht lange, denn Claires vulgäre Lieder und die Jüdinnen und Juden, die sie komponiert hatten, passten den Nazis nicht in den Kram. So bekam sie immer weniger Engagements.

Anders als andere konnten Claire und Olly sich glücklicherweise in ihr Sommerhaus nach Bayern zurückziehen und dort ein relativ friedliches Leben führen. Sie starben im Abstand von fünf Jahren (Claire 1957 und Olly 1963) und wurden an derselben Stelle beerdigt.

Berlin war jedoch nicht die einzige Metropole, in der es vor dem Krieg sexuell freizügig zuging. Auch in Paris wurde viel nackte Haut gezeigt. Das Le Monocle, einer der beliebtesten Clubs der Stadt, hieß sämtliche Identitäten willkommen und war berühmt dafür, Geschlechtergrenzen zu durchbrechen.

Der Club wurde von der glamourös geschniegelten Lulu de Montparnasse geführt, einer bezaubernden Butch mit zurückgegeltem Haar und einem superschicken maßgeschneiderten Smoking. Der Club wurde so beliebt, dass Menschen aus Nah und Fern herbeiströmten, um dieses wundersame Treiben mit eigenen Augen zu sehen.

Benannt wurde der Club nach einem Trend der damaligen Zeit, bei dem *bestimmte* Frauen ein Monokel trugen, um anderen Frauen dezent zu signalisieren, dass sie auf Pussys standen. Schon bald gehörte das Monokel zum Markenzeichen einer Lesbe, quasi wie heute Birkenstock-Latschen, und wurde zum ultimativen Musthave. Das Le Monocle florierte zwischen den 1920er und 1930er Jahren, aber sobald die Nazis Frankreich besetzten, wurde es natürlich geschlossen.

()

Lesben sind schon immer gut darin gewesen, sich selbst Räume zu schaffen, auch wenn die Zeiten noch so schwierig waren. Nehmen wir zum Beispiel die polnisch-jüdische Immigrantin Eva Kotchever, die 1925 den lesbischen Club *Eve's Hangout* in Greenwich Village, New York, eröffnete.

Eve's Hangout war genau so, wie man es von einem lesbischen Club in Greenwich Village erwarten würde. Es gab regelmäßige Gedichtlesungen, Musicalaufführungen, ausgiebige Gruppendiskussionen, Katzen-Talk, Sex-Talk und Tee-Talk. *Eve's Hangout* war auch für Männer offen, oder wie das Schild an der Tür besagte: »Männer sind zugelassen, aber nicht erwünscht«. Und da sage noch mal einer, Lesben hätten keinen Humor.

Die Bar war ein echter Erfolg, aber da erfolgreiche Lesben eine Gefahr für die Menschheit darstellen, verriet sie jemand an die Polizei. Bei der Razzia fand die Polizei ein Buch mit eindeutigen erotischen Geschichten. Eve versuchte sich herauszureden, aber der Titel *Lesbische Liebe* war dann doch zu eindeutig. Eve wurde daraufhin verhaftet und wegen Obszönität und ungebührlichem

Benehmen verurteilt. 1927 wurde sie in ihre Heimat Polen zurückgeschickt, ging aber drei Jahre später nach Frankreich, wo sie, so ganz sicher weiß man das nicht, erneut ein lesbisches Café eröffnet haben soll. 1933 lernte sie die jüdische Kabarettsängerin Hella Olstein Soldner kennen und lieben, nach Eves eigenen Worten war es »Schicksal«. Mit der Besetzung Frankreichs durch die Nazis jedoch wurde es gefährlich für beide, denn auch die Nazis mochten keine erfolgreichen Lesben. Eve und Hella kamen zusammen mit Tausenden anderen queeren und nicht-queeren Jüdinnen in Auschwitz um.

Fuck Fascism

In der Anfangszeit des Nationalsozialismus verstieß Lesbischsein nicht gegen das Gesetz. Die Nazis waren hauptsächlich damit beschäftigt, ihre angebliche »Rasse« reinzuhalten, so dass es ihnen ziemlich Wurst war, ob eine Frau ihre Finger in eine andere steckte, solange sie eine Gebärmutter besaß und arische Kinder zeugen konnte. Als schließlich der Zweite Weltkrieg ausbrach, änderte sich das, und queere Frauen wurden oft verhaftet und in den Tod geschickt. Henny Schermann und Mary Pünjer beispielsweise wurden ermordet, weil sie sich in einer Untergrund-Lesbenbar ein paar Drinks genehmigt hatten. Die Nazis beschrieben Henny als »triebhafte Lesbe« und Mary als »eine sehr aktive Lesbe«. Die perfekte Mischung, wenn man mich fragt. Auf der Rückseite von Hennys Schwarz-Weiß-Gefängnisfoto wurden als Gründe für ihre Verhaftung ihre sexuelle Orientierung und ihre jüdischen Wurzeln vermerkt.

Elli Smula und Margarete Rosenberg, beide Berliner Straßenbahnschaffnerinnen, wurden verhaftet, nachdem ihre Kolleg:innen sie an die Gestapo verraten hatten. Die Gestapo behauptete, aufgrund ihrer lesbischen Umtriebe seien sie ihrer Arbeit nicht mehr richtig nachgekommen, also wurden sie ins Frauen-KZ Ravensbrück deportiert und in den Lagerakten wurde der Haftgrund »lesbisch« vermerkt.

Glücklicherweise konnten jedoch einige Lesben den Nazis entkommen, darunter Annette Eick. Vor dem Krieg amüsierte sich Annette in der queeren Szene Berlins und ging oft im »Dorian Gray« etwas trinken. Dort lernte Annette auch Marlene Dietrich kennen, beziehungsweise eine Frau namens »Ditt«, die ihr ähnlich sah. Die beiden kamen ins Gespräch, flirteten miteinander und landeten im Bett.

Doch Annette war nicht nur lesbisch, sondern auch noch jüdisch – eine Kombination, die sie dazu veranlasste, zu versuchen, schnellstmöglich aus Deutschland zu fliehen. Sie erfuhr von der Möglichkeit, sich für ein Einreisezertifikat für Palästina zu qualifizieren, indem sie sich auf einem Gutshof für das Landleben im Kibbuz ausbilden ließ. So kam sie gemeinsam mit anderen jungen Jüdinnen und Juden auf eine Farm nahe Berlin. Während der Novemberpogrome 1938 wurde die Farm von den Nazis überfallen und alle wurden ins Polizeigefängnis verschleppt. Glücklicherweise konnte Annette entkommen, musste aber ihren Pass zurücklassen. Tough wie sie war, wartete sie, bis es dunkel wurde, schlich sich zurück auf die Farm und fischte ihren Pass aus dem Schutt.

Auf dem Weg zurück nach Berlin hielt sie der Postbote an, der ihr einen Brief überreichte. »Ein Liebesbrief für Sie«, sagte er. Annette riss den Umschlag auf und fand darin eine Einreiseerlaubnis für England. Das Marlene-Dietrich-Double hatte ihn ihr geschickt. Damit gelang es ihr, nach England zu fliehen, wo sie bis an ihr Lebensende blieb. Sie sah ihre Eltern nie wieder, die in Auschwitz umkamen.

Seine Verwandten nie wiederzusehen, war ein weitverbreitetes Schicksal zu jener Zeit. 1942 zogen die dreizehnjährige Anne Frank, ihr Vater, ihre Mutter und ihre Schwester sowie vier weitere Jüdinnen und Juden in ein Versteck im Hinterhaus eines großen Bürogebäudes im Zentrum Amsterdams. Um sich die Zeit zu vertreiben und weil sie gerne schrieb, notierte Anne täglich ihre Gedanken in einem Tagebuch, das sie kurz zuvor geschenkt bekommen hatte. Darin schrieb sie über ihre Familie, die anderen Leute im Hinterhaus und ihr Leben vor der deutschen Besatzung der Niederlande.

1944 wurde das Versteck entdeckt und die Nazis deportierten alle Bewohner:innen nach Auschwitz. Bei ihrer Ankunft wurde Annes Vater, Otto Frank, von seiner Frau Edith und seinen beiden Töchtern Margot und Anne getrennt. Edith blieb in Auschwitz und starb krank und entkräftet, während Margot und Anne nach Bergen-Belsen deportiert wurden, wo sie an Typhus starben.

Vater Otto wurde Anfang 1945 in Auschwitz von der sowjetischen Armee befreit. Nach seiner Rückkehr nach Amsterdam musste er feststellen, dass er als Einziger der im Hinterhaus Untergetauchten überlebt hatte. Zudem erfuhr er, dass eine Hausbewohnerin Annes Tagebuch aufbewahrt hatte.

Das Tagebuch wurde bald darauf veröffentlicht, wenngleich einige Abschnitte über Annes potenzielle Queerness, etwa ihre romantischen Gefühle für Jacqueline van Maarsen, in der ursprünglichen Fassung weggelassen wurden. In einem Eintrag vom Januar 1944, der erst 1986 veröffentlicht wurde, schrieb Anne, wie sie Jacque geküsst habe und sich danach sehne, ihre Brüste anzufassen. Weibliche Aktfotos versetzten sie in Ekstase: »Ich finde es manchmal so wunderbar und schön, dass ich mich halten muss, dass ich die Tränen nicht laufen lasse. Hätte ich nur eine Freundin!«

Wetten, das kam in eurem Geschichtsunterricht nicht vor?

Als sie Jahre später nach ihrem Verhältnis zu Anne befragt wurde, äußerte Jacqueline: »Wir waren eng befreundet, und ich war gern mit ihr zusammen, aber sie nahm mich sehr in Beschlag, und ich wusste nicht, wie ich damit umgehen soll. Dauernd musste ich ihr beweisen, dass wir beste Freundinnen sind. Ihre leidenschaftlichen Freundschaftsbekundungen waren mir manchmal zu viel. Dann traf ich mich mit anderen Mädchen, und sie war eifersüchtig und unglücklich.«

Vielleicht hätte sich Anne später als queer identifiziert, vielleicht als lesbisch. Vielleicht auch nicht. Aber es lässt sich nicht leugnen, dass sie sich zu ihrer Freundin hingezogen fühlte, sie vermisste und beim Gedanken an sie erregt war. Ihre mögliche sexuelle Orientierung spielt in der öffentlichen Wahrnehmung keine Rolle. Aber ich wünschte, sie hätte gewusst, dass unter anderen Umständen eines Tages jemand ihre Gefühle verstanden und erwidert hätte.

Das Unterdrücken von queerer Kultur gehörte nicht zu den schlimmsten Verbrechen der Nazis. Obwohl wir nie erfahren werden, wie sich diese Subkultur ohne sie weiterentwickelt hätte, wissen wir, dass Europa in den

1920er Jahren vergleichsweise aufgeschlossen gegenüber Menschen war, die sich nicht dem Heterozwang beugten. In Berlin gab es zahlreiche Bars, die LGBTQIA+-Personen willkommen hießen, ebenso wie in Wien. Dort gab es sogar ein Institut für Sexualforschung, das sich auf etwas spezialisierte, das wir heute Transgender Studies nennen würden, ein Fach, das bis dahin kaum erforscht wurde. In Italien gab es queere Viertel, in Paris queere Buchläden, und sogar in europäischen Filmen tauchten erstmals sympathische queere Figuren auf. Aber angesichts der sich ausbreitenden faschistischen Übermacht hatte queere Kultur nicht den Hauch einer Chance.

FORSCHE SEXUALFORSCHER

Ende des 19. Jahrhunderts sah es der deutsche Psychiater und *weiße* Heteromann Carl Westphal als seine Aufgabe an, Homosexualität zu erklären. Westphal glaubte, diese sei ein psychopatischer Zustand, und verfasste einen kleinen Essay mit dem Titel »Die konträre Sexualempfindung«. Diese Schrift inspirierte verschieden Ärzte und Wissenschaftler dazu, sich obsessiv mit Sex und Sexualität zu beschäftigen – der Sexualforscher ward geboren.

Nach Ansicht der meisten Sexualwissenschaftler entschieden sich Homosexuelle (ein Begriff, den übrigens *sie* prägten) nicht aktiv dazu, homosexuell zu sein, sondern wurden so geboren. *Born this way,* wie Lady Gaga sagen würde. So weit, so gut, richtig? Leider nein, denn sie glaubten vielmehr, Homosexualität sei nicht so sehr eine moralische, sondern vielmehr eine medizinische Frage, und empfahlen Heterosexuellen deshalb, Homosexuelle nicht länger auszuschließen, zusammenzuschlagen oder zu ermorden, sondern einfach anzuerkennen, dass sie schlicht und einfach, tja, »geisteskrank« waren.

Sie glaubten auch, Männer seien aktiv in ihrem sexuellen Begehren, wohingegen Frauen kleine passive Blümchen ohne jegliche sexuellen Gelüste wären. Erzählt das mal Anne Lister. Daraus folgerten sie, dass es *unvorstellbar* sei, zwei Frauen könnten Sex ohne einen Penis haben. Als sie endlich verstanden, dass das sehr wohl möglich war, schlossen sie daraus, dass Frauen, die andere Frauen begehrten, im tiefsten Inneren *invertierte* Männer seien. »Heißt das, wir dürfen endlich mal ausreden, ohne ständig unterbroch ...?« Verdammt. Das Wort »invertiert« ging viral, ähnlich wie »Mansplaining« oder »Sexting« heutzutage, nur dass es unfassbar abwertend war. Der deutsche Psychiater Richard von Krafft-Ebing glaubte, »Invertierte« seien allesamt insgeheim pervertierte Männer. In seinem 1886 erschienenen Werk mit dem passenden Titel *Psychopathia Sexualis*, beschrieb er dann netterweise, wie man dazu wird. Für diejenigen, die gerne erfahren möchten, ob sie insgeheim pervertierte Männer sind, kommt hier ein Test basierend auf Richards Forschungen.

WIE VIEL PEVERTIERTER MANN (BZW. WEIBLICHE INVERTIERTE) STECKT IN DIR?

Von Richard von Krafft-Ebing

Für jede der folgenden Aussagen, die auf dich zutrifft, erhältst du einen Punkt, die du am Ende zusammenzählen musst.

- Du findest Gefallen an einem vulgären, burschikosen Dasein.
- Du vernachlässigst die Morgentoilette.
- Du trinkst und rauchst gelegentlich.
- Du meidest Parfüm und Kosmetik.
- Du trägst einen Männerhaarschnitt.
- Für dich ist Geschlechtsverkehr mit dem anderen Geschlecht undenkbar.
- Du vernachlässigst den Haushalt.
- Du verführst die sechzigjährige Haushälterin, die dein Mann eingestellt hat, weil du mit dem Haushalt nicht hinterhergekommen bist.

ANTWORTEN:

0 Glückwunsch, du bist heterosexuell. Du darfst gern weiterhin inspirierende Sprüche lesen und auf deinem Datingprofil als Hobby *Reisen* angeben.

1–2 Du hast schon mal betrunken eine Frau geküsst, aber nur, weil euch Männer angefeuert haben.

3–6 Deine Finger haben schon die ein oder andere Vagina von innen gesehen.

7–8 Du bist insgeheim ein pervertierter Mann/eine invertierte Frau. Pech gehabt!

Richard von Krafft-Ebings Psycholesben-Hirngeburt wurde später zu einem beliebten Topos in der Darstellung von Lesben in der Populärkultur. Zum Beispiel die pathologische Lesbe, die in der Regel mit einer Knarre auftaucht, um das Patriarchat zur Strecke zu bringen, siehe: *Begierde* (1983), *Basic Instinct* (1992) oder *High Tension* (2003), um nur ein paar auf der Liste zu nennen. Für gewöhnlich sterben Lesben im Film am Ende einen qualvollen Tod, das typische »Bury your Queers«-Phänomen, und falls nicht, dann haben sie miteinander Sex, um irgendeinen Mann aufzugeilen. Pornograhie lässt grüßen.

Dieser patriarchale und sexualwissenschaftliche Schwachsinn beschränkte sich jedoch nicht nur auf den Westen. 1911 brach im fernen Japan für das Liebespaar Sone Sadako und Ikamura Tamae, beide zwanzig Jahre jung, eine Welt zusammen, als Sones Vater sie verheiraten wollte (nicht miteinander, versteht sich). Beide wussten keinen anderen Ausweg, als Suizid zu begehen, und so banden sie sich mit einem rosa Schal aneinander, füllten ihre Taschen mit Steinen und sprangen ins Meer.

Diese Tat stand in der japanischen Tradition des *shinjū*, bei dem zwei Liebende den Freitod wählen, um vereint zu bleiben. Viele japanische Sexualwissenschaftler waren schockiert, weil Sone und Ikamura attraktive junge Frauen aus angesehenen Tokioter Familien der Mittelschicht und nicht insgeheim pervertierte Männer waren. Deshalb gab man der industriellen Entwicklung und dem städtischen Wachstum die Schuld daran. Es wurde behauptet, Sone und Ikamura seien sich nur über den Weg gelaufen, weil sie in einer so dicht bevölkerten Stadt groß geworden waren, und auf dem Land gäbe es keine Frauen, die Frauen liebten.

Außerdem machten sie die Geschlechtertrennung in Gefängnissen, Textilfabriken, Klöstern und Krankenschwesterwohnheimen verantwortlich. Sie gingen davon aus, dass, wenn Frauen zu viel Zeit miteinander verbrachten, sie sich auch ineinander verlieben müssten. Zuletzt führten sie auch den Rückgang der Geburtenrate in Japan auf den steigenden Anteil lesbischer Frauen zurück und behaupteten, würde es so weitergehen, würde das japanische Volk aussterben. Also man kann's auch übertreiben.

Derweil veröffentlichte in Europa der britische Sexualforscher (Henry) Havelock Ellis 1896 das Buch *Sexual Inversion*, eine anthropologische und historische Studie unter anderem über, ihr ahnt es schon, weibliche Invertierte. Havelock war der Auffassung, Homosexualität sei weder eine Sünde noch eine Krankheit, jede:r habe das Recht, seine:ihre eigenen sexuellen Erfahrungen zu machen. Aww, danke, Havelock. Er war auch der Meinung,

»Invertierte« seien außergewöhnlich talentierte und intelligente Menschen. Aww. Zudem stellte auch er eine Liste mit Hinweisen zusammen, wie man »Invertierte« erkennt, oder noch besser, wie man herausfindet, ob man selbst dazugehört.

WIE MAN INVERTIERTE ERKENNT
(WOMÖGLICH BIST DU SELBST EINE)
Von Henry Havelock Ellis

- Invertierte sind schroff und energetisch.
- Invertierte sind unverblümt und maskulin.
- Invertierte sind nicht verlegen in Gegenwart von Männern.
- Invertierte mögen Sport.
- Invertierte haben schlichte, unförmige Gesichter.

Henry Havelock Ellis war so besessen von »Invertierten«, dass er letztlich selber eine heiratete! Edith Ellis war Schriftstellerin und Frauenrechtsaktivistin. Havelock bezog Edith in viele seiner Fallstudien ein und versuchte, sie irgendwann gar davon zu überzeugen, sie wolle eigentlich ein Mann sein. Es törnte ihn auch an, wenn Frauen urinierten, was zwar irrelevant für die Geschichtsschreibung ist, aber geradezu darum bettelt, erwähnt zu werden.

Havelock bemerkte in seinen Schriften, dass Invertierte gern masturbieren. Da liegst du gar nicht so falsch,

Havelock. Der amerikanische Sexualforscher Bernard Talmey ging noch einen Schritt weiter und behauptete, erst die Masturbation mache aus Frauen Lesben. Er argumentierte, Lesben besäßen einen hypersexualisierten Frauenkörper und kämen dadurch schneller zum Orgasmus. Red' dir das ruhig ein, Bernard, wenn du dadurch ruhiger schlafen kannst!

Sigmund Freud hatte dazu auch jede Menge zu sagen. Er argumentierte, Invertierte würden durch frühe Kindheitserlebnisse und Erfahrungen wie Krieg oder Gefängnis *invertiert* (und da geht er hin, der letzte Funken Autonomie). Typisch Freud!

Seine »Forschung« ergab, dass eine Frau im Grunde nur ein Mann ohne Penis war, dass alle Frauen sich insgeheim einen Penis wünschten, und dass die einzige Möglichkeit für eine Frau, darüber hinwegzukommen, darin bestand, ein Kind mit einem Penis zu haben. Er war auch der Auffassung, Frauen putzten das Haus, weil sie eine schmutzige Vagina besitzt. Hat da jemand VAGINA gesagt? Sorry, all das Gequatsche über Penisse macht mich müde. Wie zu erwarten war, fragten sich die queeren Frauen verwirrt, ob sie jetzt dankbar sein sollten aufgrund der Anerkennung oder eher beleidigt angesichts des Blödsinns, den sie sich anhören mussten. Klar, sie waren froh, dass sie akademisch erforscht und nicht mehr bei lebendigem Leibe verbrannt oder ertränkt wurden, aber als insgeheim pervertierte Männer bezeichnet zu werden, war nicht unbedingt ein Kompliment.

Die »Invertierten«, auf die sich die Sexualforscher bezogen, stammten immer aus der Mittelschicht. Tatsächlich glaubte man, Frauen, die Männerkleidung trugen, seien nur in der Unterschicht zu finden, weil sie sich Damenkleidung schlichtweg nicht leisten konnten. Aber wenn sich dann Frauen der Mittelschicht männlich kleideten, musste es natürlich bedeuten, sie seien irre Dykes. Die meisten Sexualforscher ignorierten auch People of Color komplett, aus, ihr wisst schon, schamlosem Rassismus.

Wer definiert Sexualität überhaupt?

Die Leute sind sich noch immer uneins, ob diese ersten Sexualwissenschaftler »die Lesbe« erfanden oder einfach nur eine Kategorie für eine bereits bestehende Identität schufen. Während manche sagen, es habe geholfen, eine eigene lesbische Kultur zu begründen, halten andere dagegen, dass es mehr Schaden angerichtet hat als alles andere. Eben noch unsterblich, waren sie nun unheilbar »geisteskrank«; man machte sie für die zurückgehenden Geburtenraten verantwortlich und sagte ihnen, sie sollten gefälligst weniger an sich selbst herumfummeln. Entweder stellte man sie als vulgäre Städterinnen dar, die sich nichts sehnlicher wünschten als einen eigenen Penis, oder sie waren zigarrenqualmende, kastrierte, pervertierte Männer. Und da die Sexualforscher damals keinen Unterschied zwischen Homosexualität und Transgender machten, wurde alles in einen großen regenbogenfarbenen Topf geworfen.

Der:die selbsterklärte »angeborene Invertierte« Radclyffe Hall schrieb eine ziemlich deprimierende romantische Komödie darüber. *The Well of Loneliness* (1928) erzählt das Leben der Stephen Gordon, die eines Tages herausfindet, dass sie eine »Invertierte« ist, als sie ein Buch liest, und zwar von … ihr habt es erraten … Richard von Krafft-Ebing. Radclyffes Buch gilt heute als der berühmteste lesbische (oder womöglich trans*) Roman der Welt – und auch als der deprimierendste. Ich meine, hallo, es heißt *Quell der Einsamkeit,* nicht *Bridget Jones – Pussy zum Frühstück.*

Doch die Welt war 1928 noch nicht bereit für eine weibliche »Invertierte« namens Stephen, so dass die Leute ausrasteten und sagten, sie würden ihre Kinder eher Blausäure trinken als diesen Roman lesen lassen. Blausäure!!

Das Buch landete letztlich vor Gericht, wo es verboten wurde, weil es zu »unnatürlichen Praktiken unter Frauen« anstifte, obwohl die expliziteste Stelle im gesamten Buch lautete: »und diese Nacht waren sie nicht getrennt«.

Radclyffe identifizierte sich als männlich und trug stets Männerkleidung. Radclyffe unterhielt auch viele Beziehungen zu Frauen, etwa mit der Sängerin Mabel Batten und Mabels Cousine, der Bildhauerin Una Vincenzo, Lady Troubridge.

Radclyffes genderfluide Identität zeigt, dass lesbische und trans* Geschichte oft eng miteinander verflochten waren (und oft noch sind), trotz aller gegenläufigen Meinungen.

Da das Konzept Transgender noch immer unbekannt war, sprachen einige Sexualforscher wie der (halbwegs) geoutete homosexuelle Edward Carpenter (1844–1929) von einem »dritten Geschlecht«. Sie glaubten an ein androgynes Gen, das weder weiblich noch männlich ist. Carpenter war beeinflusst vom deutschen Sexualwissenschaftler Karl Heinrich Ulrichs (1825–1895), der argumentierte, es gäbe Frauen mit männlichen Seelen und Männer mit weiblichen Seelen. Solche Männer, wie er selbst einer war, bezeichnete er als »Urning« und schuf damit einen Begriff zunächst für männliche Homosexuelle. Später unterschied er verschiedene Abstufungen von Geschlechteridentitäten und legte somit die Grundlage für etwas, das wir heute als Gender Identity bezeichnen würden.

Alles gut und schön, aber das ändert nichts an der Tatsache, dass man immer noch *über* queere Frauen redete, als könnten sie nicht für sich selbst sprechen. Und letztlich waren es wieder mal *weiße,* vorwiegend heterosexuelle Männer der Mittelschicht, die uns erklären wollten, wieso Frauen auf Frauen stehen.

Viele Sexualwissenschaftler glaubten ernsthaft, Gutes zu tun und mit ihren wilden Theorien queeren Frauen zu mehr Selbstverständnis zu verhelfen, während sie sie vielmehr völlig meschugge machten. Diese Theorien schürten bei vielen queeren Menschen einen Hass auf sich selbst, was zu einer tief verinnerlichten Homophobie führte, die bis heute bei vielen Queers vorhanden ist.

Was wäre eine Lesbe ohne ein klein wenig Feminismus?

Ungefähr zur selben Zeit hatten Frauen in der westlichen Welt, unabhängig ob queer oder nicht, die Nase voll davon, wie die Gesellschaft sie behandelte, und es entstanden erste feministische Bewegungen. Da diese Frauen für Gleichberechtigung kämpften, gingen die Sexualwissenschaftler automatisch davon aus, es handle sich bei ihnen allen um »Invertierte«, also schrieben sie medizinische Abhandlungen darüber, wie beängstigend »invertierte« Frauen seien, die in Gruppen auftraten.

Sexualwissenschaftler warnten davor, Feminismus könne »normale« Frauen in hysterische Lesben verwandeln. Sie unterstellten auch, »Invertierte« nutzten die Frauenbewegung, um unter dem Deckmantel, sie seien hetero, in Wirklichkeit Frauen aufzureißen; immer dieselbe alte Leier. Heterosexuelle Frauen bekamen daraufhin Angst und betrachteten die »Invertierten« als schlechte Publicity. Das führte dazu, dass viele queere Frauen die Treffen und Proteste mieden, was letztlich zu einer Spaltung der Frauenbewegung führte.

Aber die Spaltung ging weit über die Sexualität hinaus – es gab sie auch hinsichtlich der ethnischen und sozialen Herkunft. In den USA war die erste Welle der Frauenbewegung eng mit der Bewegung zur Abschaffung der Sklaverei verknüpft. Aber genau wie bei den »Invertierten« drängten die meisten *weißen* Frauen, die für das Frauenwahlrecht kämpften, Schwarze Frauen an die Ränder und betrachteten sie als Ballast. Der Feminismus unterteilte sich somit in *weiße* Frauen, Schwarze Frauen, »Invertierte« und die Arbeiter:innenklasse – eine Spaltung, die bis in die Gegenwart anhalten sollte.

WORAN ERKENNT MAN ÜBERHAUPT INVERTIERTE?

Warst du als Kind ein Wildfang, hast du deine Mutter gehasst, deinen Bruder beneidet, hast du deine Eltern einmal beim Sex erwischt und dir gedacht, da mache ich lieber mit Mädchen rum; bist du eher Typ Jeansrock oder Typ Fußballtrikot; denn eine lesbische Beziehung funktioniert selbstverständlich nur, wenn eine die Butch und die andere Femme ist; Sex ist unkompliziert, schließlich wissen Frauen am besten, wie sie dich befriedigen können; falls ihr Schluss macht, keine Sorge – in ein paar Wochen seid ihr beste Kumpels; Lesben bleiben immer befreundet mit denen, die sie mal gevögelt haben; leg dir eine Katze zu und behandle sie wie dein Kind; hör auf, Fleisch zu essen, und fang an, die Welt zu hassen; leider ist es zu spät, noch hetero zu werden, weil du bereits süchtig bist; aber vielleicht hast du auch nur noch nicht den Richtigen gefunden, oder einen, der es dir richtig besorgt; vielleicht bist du zu hässlich, zu hübsch oder zu schlau für einen Mann; zur Lesbe wird man übrigens insbesondere, wenn die Frau in der Schwangerschaft Sellerie isst, okay, jetzt wird's langsam lächerlich ...

FEMINISMUS UND FUSSBALL

Irgendwann in den 1880er Jahren durften auch Frauen endlich Fußball spielen. Eine der ersten offiziellen Spielerinnen eines britischen Frauenfußballteams war die Frauenrechtsaktivistin Helen Matthews. Damals galten Fußball spielende Frauen als derart unerhört, dass Helen und ihre Mitspielerinnen sich Pseudonyme zulegten, um sich vor wutentbrannten Männern zu schützen. Helen Matthews entschied sich, von nun an Mrs. Graham zu heißen.

Das erste offizielle Turnier war ein Länderspiel zwischen Mrs. Grahams schottischem und einem englischen Frauenteam. Die Zeitungen berichteten amüsiert und waren unfähig, es als das anzusehen, was es war – ein Fußballspiel. Anstatt auf die spielerischen Qualitäten einzugehen, bewerteten sie vielmehr die Kleidung der »Lady-Spieler« (Zitat). Trotz der empörten Männer und der belustigten Journalisten (ebenfalls Männer) kamen eine Menge Leute zu dem Turnier und jubelten sogar, als die schottische Stürmerin Lily St Clare (oder Clair, niemand hatte sich bemüht, die genaue Schreibweise herauszufinden) das erste offizielle Tor in der Geschichte des Frauenfußballs schoss. Das Turnier war ein voller Erfolg, also organisierte Helen, pardon »Mrs. Graham«, schnell ein weiteres.

Doch diesmal lief es nicht so gut. Sobald das Spiel anfing, kam es zu Tumulten. Einige Leute (Männer) konnten es offenbar nicht verkraften, dass ein Fußballspiel von »Ladys« wirklich *unterhaltsam* war. In der zweiten Hälfte kamen einige Leute (Männer) nicht damit klar, dass die »Ladys« auch noch *gut* spielten. Was zu viel ist, ist zu viel, dachte sich die Menge (Männer) und stürmte auf das Feld, um die Frauen anzugreifen und davonzujagen.

Anschließend wurden die Fußballspielerinnen für die Attacken verantwortlich gemacht, da Victim Blaming damals genauso verbreitet war wie heute. Die Zeitungen rügten sie dafür, die Fans (Männer) aufgestachelt zu haben und forderten ein Verbot des Frauenfußballs. Medizinische »Fachleute« plädierten ebenfalls für ein Verbot, da Fußballspielen dazu führen könne, dass Frauen unfruchtbar würden und keine Kinder bekämen – denn nur dafür sind wir gut.

1895 gründeten »Mrs. Graham« und ihre gute Freundin »Nettie Honeyball« (deren Pseudonym eindeutig gewinnt) den British Ladies' Football Club. Das Team konnte einige Premieren verzeichnen, etwa die erste Schwarze Fußballerin im Vereinigten Königreich, Emma Clarke. Außerdem war es das erste Mal, dass die queeren Frauen im Land erleben durften, wie heiß Fußballerinnen in Shorts aussehen. Die größte Unterstützerin des Teams war Lady Florence Dixie, die jüngste Tochter des Marquess of Queensberry, oder schlicht gesagt, irgendeines schottischen Adligen. Lady Florence war eine echte Wucht: Nicht nur war sie eine erfolgreiche Schriftstellerin, sondern auch noch stinkreich und Vollblut-Feministin. Nachdem sie mit Nettie Honeyball gesprochen hatte, stimmte sie zu, Präsidentin des Clubs zu werden, unter der Bedingung, dass die Spielerinnen für den Fußball genauso sehr brennen mussten wie sie. Wieso das bis zum heutigen Tag noch niemand verfilmt hat, bleibt mir schleierhaft.

Wie zu erwarten war, wurde das Team in den Zeitungen lächerlich gemacht, und die Ärzte behaupteten nach wie vor, Fußballspielen sei schlecht für die Eierstöcke.

Nettie Honeyball fand das gar nicht lustig. Also konterte sie, an Frauenfußball sei überhaupt nichts lächerlich, und verkündete, eines nicht allzu fernen Tages werde man Frauen mehr Anerkennung schenken, ihnen vielleicht sogar das Wahlrecht einräumen und einen Sitz im Parlament. Sie hätte genauso gut in Zungen sprechen können, denn selbst Queen Victoria hielt diese Vorstellung für völlig irre.

So kam es, dass im Laufe der Zeit die Gelder dahinschwanden und der Fußballclub aufgelöst werden musste. Helen, Nettie Honeyball und Lady Florence standen plötzlich noch vor ganz anderen Problemen … zum Beispiel einem Weltkrieg.

Als der Erste Weltkrieg ausbrach, wandelten sich die Geschlechterrollen. Während die Männer an der Front dienten, füllten Frauen die Lücken, die sie in der Arbeitswelt hinterließen. Etwa bei dem in Lancashire ansässigen Lokomotiv- und Straßenbahnhersteller Dick, Kerr and Company. Die Firma gründete ein Frauenfußballteam, um die Moral zu heben und Geld für die britische Armee zu sammeln. Das Team bestand ursprünglich aus elf Fabrikarbeiterinnen und nannte sich Dick, Kerr Ladies Football Club. Lasst euch nicht vom »Dick« im Namen täuschen – das war Frauenpower pur!

Das Team hatte viele Talente, aber Lily Parr stach eindeutig heraus. Erstens war sie knapp eins achtzig groß und trug kurzes, pechschwarzes Haar. Zweitens konnte sie den schweren Lederball mit solcher Wucht treten, dass sie einmal einem männlichen Torwart den Arm brach. Drittens klemmte ständig eine Woodbine-Zigarette zwischen ihren Lippen, selbst wenn sie gerade eines ihrer über 900 Tore schoss. Last but not least stand sie auf Frauen, und als sie in ihrer Kollegin Mary die große Liebe fand, weigerte sie sich, das vor ihren Freund:innen, Kolleg:innen und Mitspielerinnen zu verstecken. Auch das wäre ein idealer Filmstoff, aber ich nehme an, keine Männer = keine Gelder?

Girls just wanna have fun ... damental rights

Das Frauenwahlrecht wurde in dieser Zeit ebenfalls heiß diskutiert, was viele Leute (Männer) ins Schwitzen brachte. Ein Journalist fand es witzig, das Wort »Suffragist« in »Suffragette« abzuändern, in der Hoffnung, der Diminutiv »*-ette*« würde die Aktivistinnen verniedlichen und ihre »Unwichtigkeit« verdeutlichen. Der Plan ging jedoch nach hinten los, denn die Suffragetten eroberten den Begriff einfach zurück.

Die National Union of Women's Suffrage Societies (NUWSS) und die Women's Social and Political Union (WSPU) waren die beiden bekanntesten Frauenwahlrechtsvereine im Vereinigten Königreich. Die beiden Organisationen wendeten unterschiedliche Strategien an, um ihre Botschaft zu verbreiten, aber im Grunde verfolgten sie ein und dasselbe Ziel: glücklich und zufrieden auf einer Privatinsel voller Lesben zu leben – oh, sorry, das ist ja *mein* Ziel … die NUWSS und die WSPU wollten einfach nur Gleichberechtigung.

Die NUWSS war gechillt. Ihre Mitglieder standen nicht so auf Gewalt und glaubten an die Macht der Worte. Eines der NUWSS-Mitglieder war Prinzessin Catherine Hilda Duleep Singh, die Tochter von Maharadscha Duleep Singh (dem letzten Herrscher des Reichs der Sikh in Punjab und ein guter Freund von Queen Victoria). Bevor sie der NUWSS beitrat, hatte Prinzessin Catherine die deutsche Lehrerin und Gouvernante Lina Schäfer kennengelernt. Die beiden verliebten sich ineinander, zogen nach mehreren Stationen in Indien und England 1904 nach Kassel und lebten dort glücklich, bis Lina 1937 starb.

Inzwischen waren die Nazis an der Macht, und überraschenderweise mochten sie queere ältere indische Damen nicht, also packte Prinzessin Catherine ihre Koffer und konnte fliehen, bevor die Nazis sie in ihre dreckigen Pfoten bekamen. Als die Prinzessin ein paar Jahre danach verstarb, wurde ihre Asche auf ihren testamentarischen Wunsch hin im selben Grab wie ihre »gute Freundin« Lina Schäfer beerdigt.

Während die NUWSS gechillt und gewaltlos war, ging die WSPU nicht so friedliebend vor. An der Spitze der Organisation stand Emmeline Pankhurst. Emmeline war willensstark, klug und unfassbar lustig, mit anderen Worten: Alle queeren Frauen vergötterten sie.

Emmeline rief WSPU-Mitglieder auf, im Kampf für Frauenrechte auf die Barrikaden zu gehen. Die Aktivistinnen bespuckten Politiker und Polizisten, ketteten sich an Geländer, zertrümmerten Schaufenster, zündeten Briefkästen an und ließen sogar Bomben in Kirchen hochgehen. Sie wurden festgenommen, geschlagen, sexuell belästigt und inhaftiert.

Eine der Revoluzzerinnen war die englische Komponistin Ethel Smyth. Ethel machte keinen Hehl aus ihren Affären mit Frauen und schrieb einmal einem Freund, dass sie einfach nicht verstehe, wieso sie Männer nicht genauso leidenschaftlich lieben könne wie Frauen. Okay, Ethel, wie viel Zeit hast du?

Genau wie die Fußballerinnen wurde Ethel als Lady-Komponist bezeichnet, denn früher setzte man im Englischen einfach vor jede Berufsbezeichnung ein »Lady-«, wenn eine Frau ihn ausübte.

Außerdem stand sie auf Emmeline Pankhurst. Willkommen im Club, Ethel! Doch ihre Liebe wurde nicht erwidert. Sie stand *auch* auf die Schriftstellerin Virginia Woolf, aber zu Ethels Leidwesen interessierte sich Virginia mehr für die adlige Vita Sackville-West (später mehr über die beiden).

Ebenfalls als Lady-Lover der WSPU bekannt war

Annie Kenney, eine Aktivistin der Arbeiterklasse aus Nordengland. Annie war berüchtigt dafür, bei den Ladys gut anzukommen. Ihre Suffragetten-Kollegin und Teilzeitliebhaberin Mary Blathwayt hasste Annies ständiges Fremdgehen und schrieb darüber sogar in ihrem Tagebuch: »Annie hat gestern Abend schon wieder mit einer anderen geschlafen … Heute Morgen lag eine andere in Annies Bett.«

Zuletzt machte sich Annie Kenney sogar an Emmelines Tochter Christabel Pankhurst, die rechte Hand ihrer Mutter und Anführerin, heran. Christabel zählte zu den Lieblingen unter den queeren Suffragetten und es hieß, sie habe jeder Menge Frauen den Kopf verdreht. Christabel war bekannt dafür, sich auch in den dunklen Künsten der Lesbenliebe zu probieren und fand sich irgendwann in Paris im lesbischen Feministinnenzirkel von Prinzessin Edmond de Polignac, auch bekannt als Winnaretta Singer, wieder. Winnaretta war mit einem Mann verheiratet,[6] doch die beiden hatten eine Vereinbarung, wonach sie ihren Affären mit Frauen und er seinen Affären mit Männern nachgehen durften. Hier kommt auch Ethel Smyth wieder ins Spiel, die in Winnaretta verliebt war. Aber wie es das Schicksal wollte, war

6 Nur zufällig der Enkel von Marie Antoinettes Seitensprung, Yolande Martine Gabrielle de Polastron, Gräfin und später Herzogin von Polignac.

Winnaretta nicht sonderlich interessiert an ihr. Ach, Ethel, du hast wirklich kein glückliches Händchen.

()

1918 wurde Frauen in England und Deutschland endlich erstmals das Wahlrecht zugestanden – sofern sie ein bestimmtes Mindestalter erreicht hatten, *weiß*, hetero und wohlhabend waren und nicht gerade menstruierten. Allerdings war auch der Krieg vorbei, und die Männer wollten ihre Arbeit und ihren Fußball zurück.

Der englische Fußballverband Football Association (FA) störte sich an der Popularität der Frauenturniere, durch die die Mitglieder des Dick, Kerr Ladies Football Club zu Lokalpromis geworden waren. Um diesen Missstand zu beseitigen, verbot der Verband 1921 den Frauenfußball. Mit welcher Begründung? Um unsere Fruchtbarkeit zu beschützen, natürlich! Gleichzeitig wurde jedem männlichen Fußballklub, der ein Frauenteam unterhielt, Strafen angedroht.

Die Dick, Kerr Ladies scherten sich nicht darum und tourten durch Kanada und die USA. Doch der Frauenfußball im Vereinigten Königreich verschwand derweil von der Bildfläche, bis die FA 1971 das Verbot schließlich aufhob. 2019 erhielt der Frauenfußball dann endlich die wohlverdiente Anerkennung, als die ganze Welt gebannt die FIFA-Frauenweltmeisterschaft verfolgte. Das Turnier, das in Frankreich stattfand und das die USA gewannen, war das größte reine Frauensportevent aller Zeiten und verhalf Lesben wie Megan Rapinoe, Beth Mead und Bárbara Barbosa zu internationaler Berühmtheit.

Die WM war so queer, dass die US-Kapitänin Megan Rapinoe bemerkte: »Man kann eine Weltmeisterschaft nicht ohne Queers im Team gewinnen – das ist noch nie gelungen. Hier habt ihr den wissenschaftlichen Beweis!« Verglichen mit dem Fußball-macht-unfruchtbar-»Befund« würde ich sagen, das kommt der Wahrheit schon bedeutend näher. Rund vierzig geoutete Queers nahmen an der FIFA-Frauenweltmeisterschaft 2019 teil. Bei der FIFA-Weltmeisterschaft der Männer 2018 war die Anzahl gleich null.

Angesichts dieses Events waren queere Frauen weltweit völlig aus dem Häuschen. Klar, vorwiegend vor lauter sexueller Energie, aber es war auch ein Triumph queerer Sichtbarkeit, bei dem ganze vier Wochen lang echt heiße Frauen in Shorts herumrannten und nebenbei bewiesen, dass Frauen sehr wohl auf hohem Niveau Fußball spielen und hinterher trotzdem noch Kinder bekommen können. Tja, genau wie Nettie Honeyball es vorausgesehen hatte, nicht wahr?

Aber ich schweife ab. Noch mal zurück zu Winnaretta Singers lesbischem Feministinnenzirkel, der durchsetzt war von allerlei faszinierenden und einzigartigen Charakteren, so auch der amerikanischen Malerin Romaine Brooks. Romaine und Winnaretta hatten ein Techtelmechtel, doch es war die in Ohio geborene Sappho-Verehrerin Natalie Clifford Barney, die die queer-feministische Szene jener Zeit kräftig durcheinanderwirbeln sollte.

Natalie Barneys ungeheure lesbische Energie

Natalie Barney (1876–1972) war eine passionierte Schriftstellerin und gründete die Académie des Femmes, einen literarischen Salon, der Frauen zum Schreiben animieren sollte. Es war ihr ein wichtiges Anliegen, nicht nur weibliche Literaturgeschichte zu schreiben, sondern auch eine, die eine Interpretation lesbischer Liebe jenseits von abnormalem Verhalten zuließ. Außerdem war es ein Ort, an dem Frauen andere Frauen kennenlernen konnten. In den Worten von Natalie Barney: »Meine Queerness ist keine Sünde, sie ist weder vorsätzlich noch schadet sie irgendwem.«

Der Salon zog alle möglichen queeren Leute an, so auch Gertrude Stein und ihre Partnerin Alice B. Toklas. Gertrude baute in ihre Werke oft einen lesbischen Subtext ein; in ihrem Gedicht mit dem Titel »Miss Furr and

Miss Skeene« taucht das Wort »gay« gar über hundertmal auf. Nicht nur war es einer der ersten Texte, der den Begriff »gay« für eine homosexuelle Beziehung verwendete, sondern noch dazu in Bezug auf Frauen!

Bevor sie mit Romaine Brooks anbandelte, hatte Natalie eine Liaison mit der Dichterin Renée Vivien. Tatsächlich hatte Renées Freundin, Violet Shillito, die beiden einander vorgestellt (Anfängerfehler, Violet!), was dazu führte, dass Renée mit Violet Schluss machte und direkt mit Natalie in die Kiste hüpfte. Im Jahr darauf starb Violet an Typhus, woraufhin Renée am Boden zerstört war. Sie war zusätzlich sauer, weil Natalie sie ständig betrog. Du hättest wissen müssen, worauf du dich da einlässt, Renée …

Natalie hielt nichts von monogamer Treue und verstand auch nicht, wozu das gut sein sollte oder wieso das irgendwer von ihr verlangte. Die Beziehung zwischen Natalie und Renée endete so schnell, wie sie begonnen hatte, auch wenn Natalie nie richtig über sie hinwegkam.

Renée Vivien fing daraufhin ein Verhältnis mit Baroness Hélène van Zuylen an. Obwohl die Baroness verheiratet war und zwei Kinder hatte, fuhren die beiden Frauen oft gemeinsam in den Urlaub und lebten wie ein Ehepaar. Doch eines Tages empfing Renée einen anzüglichen Leserbrief von Kérimé Turkhan Pasha, der Frau eines türkischen Diplomaten, die ihre Werke gelesen hatte. Renée schrieb zurück und schon bald entspann sich ein leidenschaftlicher Briefwechsel zwischen den beiden. Kérimé hatte eine französische Erziehung genossen, lebte aber nach den Regeln des Islam, was damals hieß, dass sie ohne ihren Ehemann nirgendwohin reisen konnte. Die Treffen mussten also im Geheimen in Konstantinopel stattfinden.

Renée hatte währenddessen Skrupel, Baroness Hélène zu verlassen. Hélène ihrerseits hatte eigene Pläne und verließ Renée für eine andere Frau. Die Lesbenszene in Paris zerriss sich das Maul, und die arme Renée war gedemütigt. Dann zog Kérimé zu allem Überfluss auch noch mit ihrem Mann nach St. Petersburg und brach den Kontakt zu ihr ab. Kommt ihr noch mit?

In der Zwischenzeit waren sich Natalie Barney und Élisabeth de Gramont nähergekommen. Die Beziehung war ernst, so ernst, dass Natalie eine Art Heiratsvertrag aufsetzte, der ihren Bund mit Élisabeth für immer besiegeln sollte. Wurde Natalie etwa endlich sesshaft? Seid nicht albern – sie pflegte schließlich die ganze Zeit über auch ein enges Verhältnis mit der Malerin Romaine Brooks, wisst ihr noch?

Sowohl Élisabeth als auch Romaine tolerierten Natalies viele Affären bis zu einem gewissen Grad. Élisabeth lud Romaine in den gemeinsamen Urlaub ein und so wurde aus dem flotten Zweier (zumindest in meiner Phantasie) ein flotter Dreier.

Natalies nächste ernste Beziehung war die zu niemand Geringerem als Oscar Wildes Nichte, Dolly Wilde. Mittlerweile war Natalie um die Fünfzig, Dolly Anfang dreißig. Wie zuvor schon litt die Beziehung darunter, dass Natalie sich durch die Gegend schlief, was regelmäßig für Streit sorgte. Dollys Alkohol- und Heroinsucht machte es auch nicht gerade besser.

Mit Ausbruch des Zweiten Weltkriegs trennten sich ihre Wege und Natalie Barney floh zusammen mit Romaine Brooks nach Italien. Keine besonders gute Wahl, denn bald nachdem sie dort eintrafen, marschierten auch die Deutschen ein. Die Nazis mochten weder Natalies enorme lesbische Energie noch ihre Wurzeln im jüdisch-amerikanischen Großbürgertum. Doch gleichzeitig verfasste Natalie offen antisemitische und profaschistische Texte. Es ist nicht klar, ob Natalie dies tat, um ihr Überleben zu sichern oder ob sie die rassistischen Ideen der Nazis verinnerlicht hatte. Vermutlich ein wenig von beidem. Was wir wissen, ist, dass sie während ihres Aufenthalts in Italien ihren amerikanischen Pass nutzte, um ihren jüdischen Nachbar:innen zur Flucht zu verhelfen, und als der Krieg vorbei war, kehrte sie nach Paris zurück und vögelte weiterhin jede Frau, die nicht bei drei auf den Bäumen war.

Wie man sich vorstellen kann, hat Natalie die damalige Queer-Community enorm geprägt. Das wohl größte Denkmal setzte ihr Radclyffe Hall, die Natalie in der Rolle der Salongastgeberin Valerie Seymour in *Quell der Einsamkeit* verewigte. Erinnert ihr euch noch? Der Roman, über den manche sagten, sie würden ihre Kinder eher Blausäure trinken als dieses Buch lesen lassen? Darin wird Valerie beschrieben als verlockend feminine und zugleich eigensinnig maskuline Lesbe, die Leser:innen ein Vorbild für jemanden liefert, die sich nicht für ihre Sexualität schämt. Außerdem ist ihre Figur das einzig Witzige im gesamten Roman.

Natalie mag die Königin in ihren Lesbenkreisen gewesen sein, Heterosexuelle störten sich jedoch an ihren sexuellen Ausschweifungen. So sehr, dass eine Gruppe britischer Abgeordneter beabsichtigte, einen Paragraphen zu verfassen, der sexuelle Handlungen unter Frauen verbieten sollte. Britische Abgeordnete! Einfach nur peinlich.

Lesbenagenda

Die britischen Abgeordneten (Männer) schämten sich, überhaupt einen solchen Paragraphen formulieren zu müssen, und der Earl of Malmesbury entschuldigte sich, dieses Thema erst aufgebracht zu haben.

Doch bei Weitem der Schlimmste der Bande war der Abgeordnete Noel Pemberton Billing, der oft mit den krudesten homophoben Verschwörungstheorien um die Ecke kam, die vorwiegend Frauen betrafen. Er trug auch ein Monokel, was ironisch ist, bedenkt man, dass Lesben Monokel trugen, um flachgelegt zu werden.

Eine dieser kruden Erzählungen betraf Billings Freund, den Anti-Homosexuellen-Aktivisten Harold Sherwood Spencer. Alles begann 1918, als Sherwood Spencer seinem Freund Billing von einem angeblich in Deutschland existierenden »Schwarzbuch« erzählte, in dem die Namen von Tausenden britischen Perversen, sprich Homosexuellen, stehen würden. Er behauptete dann, die Deutschen würden alle auf der Liste erpressen und gleichzeitig zu Homosexualität sowie Pädophilie anstiften, um die Männlichkeit Großbritanniens auszumerzen.

Interessanterweise war Harold Sherwood Spencer erst kurz zuvor wegen paranoider Wahnvorstellungen aus der Armee entlassen worden, was Billing nicht daran hinderte, ihn für eine verlässliche Quelle zu halten … Eines Tages hörte Sherwood Spencer von einer kanadischen Tänzerin namens Maud Allan. Maud war überaus erfolgreich mit ihrer Show und tourte durch halb Europa, unter anderem trat sie im Palace Theatre in London auf. Ihr Tanz kam bei den Damen so gut an, dass ein

Rezensent die große Anzahl an Suffragetten (ergo, Lesben) im Publikum erwähnte.

Sherwood Spencer hatte von Maud Allan gehört und, wie zu erwarten war, kochte er vor Wut. Wie konnte es eine Lesbe wagen, andere Lesben dazu zu bringen, das Haus zu verlassen?! Um sich besser zu fühlen, erzählte er seinem Kumpel Billing, Maud sei eine Verbündete der Deutschen, die mit der Magie des modernen Tanzes andere Frauen in Lesben verwandelte und damit indirekt die Männlichkeit der Briten schwächte. Da Billing lesbische Verschwörungstheorien liebte, glaubte er jedes Wort und ließ es in seiner inzwischen gegründeten Zeitschrift abdrucken. Zuerst interessierte das niemanden, da Großbritannien im Krieg war und das Land andere Sorgen hatte. Billing wollte es nicht hinnehmen, einfach ignoriert zu werden, also veröffentlichte er einen weiteren Artikel mit dem Titel »Der Kult der Klitoris«. Das weckte sofort die Aufmerksamkeit der Leute, da die britische Öffentlichkeit es nicht gewohnt war, das Wort »Klitoris« in der Zeitung abgedruckt zu sehen.

Maud war verärgert, schnappte sich einen Anwalt und verklagte Noel Pemberton Billing wegen Verleumdung. Billing, ein echter Narzisst, vertrat sich selbst und hielt es sogar für angemessen, seine Geliebte Eileen Villiers-Stuart als eine Hauptzeugin auftreten zu lassen. Der Plan ging tatsächlich auf, denn Eileen ließ durchblicken, die

Namen aller Perversen in dem Buch gesehen zu haben, darunter auch den des Richters!

Billing fand zudem heraus, dass Mauds Bruder in San Francisco wegen des Mordes an zwei Frauen hingerichtet worden war. Das Gericht entschied, dies müsse wohl bedeuten, dass Maud ebenfalls eine Mörderin war, und zusammen mit der subtilen Drohung gegen den »perversen« Richter war das Grund genug, Billing freizusprechen und die Klage abzuweisen.

Maud hatte daraufhin von England die Nase gestrichen voll; ich meine, wer kann es ihr verdenken? Nach Prozessende zog sie mit ihrer Freundin Vera in die USA. Nicht lange, nachdem Maud weggegangen war, wurde Eileen Villiers-Stuart wegen Bigamie zu neun Monaten schwerer Strafarbeit verurteilt. Daraufhin gab sie zu, dass ihre Zeugenaussage im Fall Maud Allan frei erfunden war und sich Harold Sherwood Spencer und Noel Pemberton Billing das alles nur ausgedacht hatten. Was du nicht sagst, Eileen.

BLOOMSBURY UND DIE HARLEM-RENAISSANCE

Die Mitglieder der Londoner Bloomsbury Group waren genau das, was man von einem Haufen *weißer* Schriftsteller:innen, Maler:innen und Intellektueller der Mittelschicht erwarten würde. Sie waren versnobt und privilegiert. Sie klagten zwar über die altmodischen Viktorianischen Wertvorstellungen und die Aristokratie, hatten aber kein Problem damit, sich jeden Monat von Papi Taschengeld zustecken zu lassen. Sie waren die Hipster der frühen 1900er Jahre, nur dass sie Champagner statt Matcha Latte mit Hafermilch tranken.

Die Gruppe – auch als Bloomsberries bekannt – traf sich jeden Donnerstag in 46 Gordon Square, Bloomsbury, einer angesagten Gegend in London mit lauter hübschen Parks und geordneten, rechteckigen Plätzen. Bei diesen Treffen drehten sich die Gespräche oft um Moral, Sex, Philosophie, Sex, Literatur, Sex, Wirtschaft, Feminismus und Sex. Sex schien bei der Bloomsbury

Group ein ziemlich wichtiges Thema zu sein, da viele (zumeist die Männer) miteinander im Bett landeten. Die Dichterin Dorothy Parker brachte es einmal auf den Punkt: »Sie lebten in Quadraten, malten in Kreisen und liebten in Dreiecken.«

Wer hätte gedacht, dass Geometrie so viel Spaß machen kann?!

Mit Abstand die Cleverste der Truppe aber war Virginia Woolf. Virginia war bekannt für ihre wegweisenden feministischen Ideen, die sie oft in ihren Werken verarbeitete. In ihrem Essay *Ein Zimmer für sich allein* betont Virginia, wie wichtig es für eine Frau ist, nun ja … ein Zimmer für sich allein zu haben. Natürlich zielte sie damit auf intellektuelle Freiheit und finanzielle Unabhängigkeit ab, aber mal ganz im Ernst, jede Frau braucht ein eigenes Zimmer.

Der Essay beschäftigte sich unter anderem auch mit Mary Carmichaels Roman *Life's Adventure* und der schlichten Zeile: »Chloe mochte Olivia.« Virginia war entzückt. »Manchmal mögen Frauen Frauen«, schrieb sie und vielleicht … aber nur vielleicht … mochten sie sich auf eine spezielle Art und Weise … ihr wisst schon.

Oh, und dann stellte sich heraus, dass Virginia das Ganze erfunden hatte. Mary Carmichael existierte gar nicht und die Zeile »Chloe mochte Olivia« hatte Virginia selbst verfasst, um ein Statement zu setzen. Ausgefuchst.

Es war von Anfang an offensichtlich, dass Virginias Zuneigung vor allem Frauen galt. 1898, da war sie gerade mal sechzehn, verliebte sie sich in Margaret (Madge) Symonds Vaughan, die neunundzwanzigjährige Frau ihres Cousins. Hach ja, die reife Schwägerin! Wer kennt es nicht?! Bei mir war es damals eine sexy Großtante.

Viele Jahre später traf Virginia erneut auf Madge, die inzwischen deutlich gealtert war und sich in eine Schnarchnase verwandelt hatte. Virginia konnte nicht fassen, dass das dieselbe Frau war, die ihr damals schlaflose Nächte bereitet hatte. Nach diesem Treffen schrieb sie in ihrem Tagebuch rückblickend über ihre jugendliche Hysterie: »Und das sollte die Frau sein, die ich so verehrt hatte! Ich sehe noch vor mir, wie ich in Hyde Park Gate im Kinderzimmer stehe, mir die Hände wasche und bei mir denke: ›In diesem Moment befinden wir uns beide unter demselben Dach.‹«

Madge mochte zu einer Langweilerin verkommen sein, aber sie hatte solchen Eindruck bei Virginia hinterlassen, dass sie Jahre später in fiktiver Form als Sally Seton wiederauftaucht, die unübersehbar lesbische Bekannte in Virginias berühmtestem (und, wenn man ehrlich ist, auch zugänglichstem) Roman *Mrs. Dalloway*. In einer Szene begegnet die Hauptfigur, Clarissa Dalloway, Sally nach vielen Jahren wieder, und Erinnerungen kommen hoch: »Denn *so* hatte sie nicht ausgesehen, Sally

Seton, als Clarissa die Heißwasserkanne umklammert hatte. Daran zu denken, dass sie unter diesem Dach weilte. Unter diesem Dach!«

Nach Madge kam Violet Dickinson, eine Freundin der Familie, über eins achtzig groß und in Virginias Augen der sexyeste Anblick, seit sie in der Bibliothek ihres Vaters zum ersten Mal Latein und Griechisch begegnet war. Mit Violet hatte Virginia mehr Glück, vor allem auch, weil diese nicht mit ihrem Cousin verheiratet war.

Die beiden schrieben einander viele pikante Briefe. In einem Brief deutete Virginia an, wie leidenschaftlich es zwischen den Laken herging: »Es ist erstaunlich, welches Feuer – welches vulkanartige Feuer – deine Finger heraufbeschworen haben.«

Virginia und Violet machten sogar gemeinsam Urlaub in den bekanntermaßen unromantischen Städten Florenz, Venedig und Paris. Jahre später notierte Virginia in einem ihrer Briefe: »Ich erinnere mich an allerlei Momente mit dir – in Hyde Park Gate oben auf meinem Zimmer. Eines Tages werde ich darüber schreiben.« Doch zum großen Leidwesen von Lesben weltweit hat Virginia nie über jene *Momente* mit Violet oben auf ihrem Zimmer geschrieben. Die Beziehung versandete, und Virginia lernte den netten, aber langweiligen Schriftsteller Leonard Woolf kennen.

Zunächst war Virginia nicht sonderlich von Leonard angetan. Ihre sexuellen Erfahrungen mit Männern waren begrenzt, und sie wusste grundsätzlich nicht recht, was sie von der Ehe halten sollte. Als Kind war sie von ihren Halbbrüdern George und Gerald Duckworth sexuell missbraucht worden, was, wenig überraschend, ein nachhaltiges Trauma hinterließ. Im Lauf der Jahre erlitt sie heftige Nervenzusammenbrüche und versuchte mehrfach, sich das Leben zu nehmen.

Diese Faktoren trugen zwar dazu bei, dass sie unsicher war, ob sie Leonard heiraten sollte, aber der Hauptgrund war, tja … dass sie einfach nicht auf ihn stand. »Wie ich dir neulich ganz direkt gesagt habe, verspüre ich keine körperliche Anziehung zu dir. Es gibt Momente – wie neulich, als du mich geküsst hast – da empfinde ich so wenig wie ein Stein. Und dennoch bin ich von deiner Fürsorge schier überwältigt. Sie ist so echt, und so fremd …«

Autsch.

Letztlich heiratete Virginia Leonard dann doch und sie führten eine glückliche Ehe, die von gegenseitigem Respekt und Zuneigung statt von Anziehung und Sex getragen war. Leonard übernahm die Rolle des treu ergebenen Ehemannes, insbesondere während Virginias depressiver Phasen. 1922, ein Jahrzehnt später, lernte Virginia die Schriftstellerin Vita Sackville-West kennen, die aus ihrer sexuellen Orientierung nie ein Geheimnis gemacht hatte. Virginia und Vita waren völlig gegensätzlich. Vita war eine reiche Adlige und feurige Liebhaberin, Virginia eine Bohème-Intellektuelle, die einen mit nur einem Satz in die Schranken weisen konnte.

Zu Beginn ihrer Beziehung mokierte sich Vita über Virginias Modegeschmack: »Sie kleidet sich ziemlich miserabel.« Sie ließ sich auch nicht von den akademischen Allüren der Bloomsbury Group einschüchtern und verpasste ihr den Spitznamen »Gloomsbury«. Seht ihr! Schon wieder eine Lesbe mit Humor!

Virginia teilte ebenfalls aus und spottete über Vitas Bücher: »Vitas Prosa ist zu fließend. Ich habe sie gelesen; sofort lief mir mein Stift davon.« Virginia ließ weitere Seitenhiebe folgen: »Sie ist nicht clever; aber vielseitig und befruchtend« und »Ich habe keine sehr hohe Meinung von ihrer Poesie.«

Doch unter all diesen Frotzeleien verbarg sich eine enorme sexuelle Anziehungskraft, eine Anziehungskraft, der sie mindestens zweimal nachgaben. Virginia erzählte sogar ihrer Schwester, der Malerin Vanessa Bell, von ihrem Liebesspiel und berichtete Vita in einem Brief von dem Gespräch: »Neulich, in der Drogerie, erzählte ich Nessa von unserer Leidenschaft. ›Aber macht es dir wirklich Spaß, mit Frauen ins Bett zu gehen?‹, fragte sie – und nahm ihr Wechselgeld entgegen. ›Und wie funktioniert das überhaupt?‹, fuhr sie fort und steckte ihre Tabletten ein, laut plappernd wie ein Papagei.«

Ihre Romanze lässt sich auch wunderbar chronologisch anhand ihrer Briefe nachverfolgen. »Ich bin reduziert auf ein Wesen, das sich nach Virginia sehnt. In den schlaflosen Alptraumstunden der Nacht habe ich einen hinreißenden Brief an dich verfasst, und nun ist alles fort: Ich vermisse dich einfach, auf eine schlicht menschlich verzweifelte Weise«, schrieb Vita. »Ich habe dich vermisst. Ich vermisse dich. Ich werde dich vermissen«, antwortete Virginia.

1927 war die Beziehung auf sexueller Ebene bereits wieder am Abkühlen. Vita hatte gern überall ihre Finger im Spiel und langweilte sich ein wenig mit Virginia. Zudem warf sie Virginia vor, aus ihrer Beziehung eine Phantasie zu kreieren, die die triste Wirklichkeit ausblendete. Virginia wies die Anschuldigung zurück, schrieb aber zeitgleich *Orlando* und schuf damit buchstäblich eine Fantasie, in der sich Vita aka Orlando der tristen Wirklichkeit entzieht. Vitas Sohn, Nigel Nicolson, bezeichnete den Roman später als den längsten und charmantesten Liebesbrief in der Geschichte der Literatur.

Glücklicherweise blieben sie, getreu dem guten alten lesbischen Stereotyp, beste Freundinnen, und Virginia hielt immer ein Schlafzimmer dekoriert mit frischen Blumen bereit, sollte Vita spontan vorbeikommen (was sie oft tat). Sie unterhielten auch weiterhin einen liebevollen Briefwechsel bis zu Virginias Suizid im Jahr 1941. Hier zwei ihrer letzten Korrespondenzen:

Freitag, 30. August 1940
Eben noch haben wir miteinander gesprochen. Es ist so seltsam. Hier ist es vollkommen friedlich – sie spielen Kegeln – eben erst habe ich Blumen in dein Zimmer gestellt. Und nun sitzt du da, und um dich herum fallen Bomben. Was soll ich sagen – außer, dass ich dich liebe und ich diesen merkwürdig stillen Abend durchstehen muss, während ich hier allein dasitze und an dich denke.

Sonntag, 1. September 1940
Oh Liebes, wie hat mich dein Brief heute Morgen berührt. Ich hätte beinahe eine Träne in meine pochierten Eier vergossen. Deine seltenen Bekundungen der Zuneigung besitzen schon immer die Macht, mich enorm zu berühren, und da man dieser Tage vermutlich doch ein wenig angespannt ist (zumeist unterbewusst), prasseln sie nun heftig auf mein Herz ein wie Regen auf ein Dach. Ich liebe dich ebenfalls; das weißt du auch.

Virginia identifizierte sich nicht als lesbisch; sie fand, dass Schubladendenken eher ausschloss, denn einschloss, und lehnte Labels ab. Aus ihren Tagebüchern,

Briefen und Romanen geht eindeutig hervor, dass Virginia die meisten Menschen als Individuen wahrnahm anstatt lediglich als Vertreter:innen ihres Geschlechts. Vita hielt es ganz ähnlich …

Vita Sackville-West: eine queere Berühmtheit

Vita wurde 1892 geboren und entstammte einer langen Linie reicher Adliger in riesigen Villen. Einer dieser Adligen war ihr Großvater, Lionel Sackville-West, 2nd Baron Sackville, der eine Affäre mit einer verheirateten spanischen Tänzerin namens Josefa Durán y Ortega hatte, auch bekannt als Pepita. Aus dieser Affäre gingen verschiedene uneheliche Kinder hervor. Gilt es eigentlich trotzdem noch als »Affäre«, wenn man in der »Affäre« mehrere Kinder bekommt? Würde mich mal interessieren.

Eines der Kinder, Victoria, wollte sich nicht damit abfinden, dass sie als uneheliche Tochter nichts vom Erbe ihres Vaters abbekam. Also heiratete sie ihren Cousin ersten Grades, ebenfalls ein Lionel, der den Barontitel von ihrem Vater (seinem Onkel) erbte. Ich hoffe, ihr könnt mir noch folgen …

Zunächst verlief die Ehe zwischen Victoria, oder Lady Sackville, wie sie inzwischen hieß, und Lionel glücklich.

Sie hatten Sex, betranken sich und machten all das, was man als Baron und Baronin eben so tut. Doch nach einer Weile hing der Haussegen schief. Lady Sackville verstrickte sich immer wieder in dubiose Betrügereien, und Lionel vergnügte sich mit einer Opernsängerin, die er später mit auf das gemeinsame Familienanwesen nahm. Da wurde bestimmt jemand zur Arie, äh, Furie …

Inmitten von all dem Chaos brachten Lady Sackville und Lionel immerhin ein Kind hervor; Bühne frei für eine weitere Victoria, genannt Vita. Vita war eine kleine Schlaubergerin, und im zarten Alter von achtzehn hatte sie bereits mehrere (unveröffentlichte) Romane verfasst. Sie erhielt auch unzählige Heiratsanträge, die sie allesamt ausschlug. Denn Vita war weder erpicht auf die Ehe noch besonders an Männern interessiert; stattdessen knutschte sie lieber mit ihrer Schulkameradin Rosamund Grosvenor herum.

Die Beziehung zwischen Vita und Rosamund basierte lediglich auf Sex – das heißt, für Vita zumindest. Vita reflektierte später über ihr Verhältnis: »Meine Liaison mit Rosamund war in gewisser Weise oberflächlich. Damit meine ich, dass sie fast ausschließlich physischer Natur war, da mich ihre Gesellschaft ehrlich gesagt immer langweilte. Aber ich hing sehr an ihr; sie besaß ein liebreizendes Wesen. Aber sie war ziemlich dumm …«

1910 lernte Vita den Diplomaten Harold Nicolson kennen. Harold machte Vita einen Heiratsantrag, den sie annahm, obwohl sie noch mit Rosamund schlief. Auch diese Entscheidung reflektierte Vita Jahre später: »Es kam mir nie falsch vor, mich mit Harold zu verloben und gleichzeitig in Rosamund verliebt zu sein. Tatsache ist, dass ich in Harold mehr einen Gefährten denn irgendetwas anderes sah. Unsere Beziehung war so erfrischend, so intellektuell, so unkörperlich, dass ich ihn überhaupt nicht auf diese Weise wahrnahm.«

Vita machte keinerlei Aufhebens um ihre Hochzeit und schrieb später, sie sei nicht besonders erwähnenswert und im Grunde »für alle gleich«. Womit sie nicht unrecht hat. Vitas Mutter, Lady Sackville, machte sich auch nichts daraus und blieb an dem Tag einfach im Bett, da sie ungern emotional werden wollte.[7]

Rosamund machte es *sehr wohl* etwas aus, insbesondere, da Vita sie wenig einfühlsam gebeten hatte, ihre Brautjungfer zu sein. Rosamund heulte sich in den Wochen vor der Hochzeit die Augen aus dem Kopf und war völlig am Boden zerstört, was Vita überaus bewusst war. Es gab jedoch noch jemanden, der auffällig abwesend war – Vitas alte spezielle Freundin Violet Keppel …

---

7 Können wir bitte mal kurz festhalten, dass die völlig verpeilte Lady Sackville meine Lieblingsfigur in all dem ist?

Violet war die Tochter von Alice Keppel, einer Mätresse von King Edward VII. Der König besuchte gelegentlich die Familie Keppel auf »ein Stündchen zum Tee«, wie er es nannte – was wir aber eher ein ausgiebiges Schäferstündchen nennen würden.

Vita lernte Violet am Krankenbett einer Freundin mit gebrochenem Bein kennen. Klingt skurril, ist aber so. Das Ganze eskalierte rasch, und als Vita sechzehn wurde, schenkte ihr Violet einen Ring als Symbol ihrer Liebe. Die Liebesbeziehung fand ein jähes Ende, als Violet herausfand, dass Vita verlobt war. Die stets etwas begriffsstutzige Vita hatte praktischerweise vergessen, dieses kleine, aber feine Detail zu erwähnen.

Vita und Harold heirateten und waren glücklich. Es verband sie eine tiefe, innige emotionale Bindung und sie liebten einander sehr. Gleichzeitig hüpfte Vita mit so vielen Frauen wie möglich in die Kiste, und Harold tat dasselbe, nur mit Männern. Das war so modern!

Alles lief wie am Schnürchen, bis Harold gezwungen war zu gestehen, dass er sich bei irgendeinem Typen, den er bei einer Landhausparty kennenlernte, eine Geschlechtskrankheit eingefangen hatte. Glücklicherweise steckte sich Vita nicht mit dem Tripper an. Ich sage glücklicherweise, weil sie weiterhin Violet bumste, und zwar nicht zu knapp. Sie hatten Sex, zerstritten sich, vertrugen sich, machten miteinander herum – das übliche Drama.

Hin und wieder rissen sie gemeinsam aus und verbrachten Monate in Frankreich, getarnt als Mann und Frau, Vita als der verwundete Soldat »Julian«, und Violet als liebende Ehefrau. Also bei so einer Art von Rollenspiel würde ich auch gerne mal mitspielen.

Der Spaß hatte schon bald ein Ende, als Violets Mutter ihr verkündete, Violet solle den (bemitleidenswerten) Kriegshelden Denys Trefusis heiraten. Violet war am Boden zerstört und schrieb Vita die folgenden Worte: »Ich sehne mich jede Sekunde und Stunde des Tages nach dir, und dennoch werde ich allmählich und unaufhaltsam an jemand anderen gebunden … Manchmal überkommt mich eine quälende physische Sehnsucht nach dir … nach deiner Nähe und deiner Berührung … Dann versuche ich mir verzweifelt deine Lippen auf meinen vorzustellen …«

Vita schäumte ebenfalls vor Wut, gestand Violet aber zu, ihn zu heiraten, unter der Bedingung, sie möge nie mit ihm schlafen. Violet stimmte zu, und die Hochzeit fand statt, woraufhin Vita und Violet erneut nach Frankreich abdüsten. Harold war stinksauer. Er glaubte, Violet habe einen schlechten Einfluss auf Vita und klärte den armen, bemitleidenswerten und nichtsahnenden Denys über Vitas und Violets sexuelle Eskapaden auf. Harold überredete Denys daraufhin, mit ihm in ein Zweisitzer-Flugzeug zu steigen und über den Ärmelkanal zu fliegen, um ihre beiden Ehefrauen zurückzuholen. Dazu gäbe es jede Menge zu sagen, aber ich lasse es bleiben.

Als Harold und Denys eintrafen, weigerte sich Vita mitzukommen, also ließ Harold durchblicken, dass Denys und Violet das Unvorstellbare getan hatten … Eine Enthüllung in bester Trash-TV-Manier.

Vita war außer sich, Violet völlig verzweifelt, Denys weinte und Harold … tja, Harold war damit beschäftigt, als britischer Diplomat, der er nun mal auch noch war, den Vertrag von Versailles mit auszuarbeiten und einen weiteren katastrophalen Weltkrieg zu verhindern, was alles ein wenig relativierte. Letztlich kehrte Vita nach England zurück und machte einen auf glückliche Familie mit ihrem Mann und den zwei Söhnen.

Nach dieser Geschichte lernte Vita schließlich Virginia kennen. Vita hatte sich inzwischen von dem Drama erholt und war auf der Suche nach etwas Unaufgeregtem. Vita schrieb an Virginia: »Ich habe etwas so Seltsames, so Verqueres getan, – oder vielmehr etwas, was an sich vielleicht weder seltsam noch verquer ist, aber mir solch seltsame und verquere Gefühle bereitet hat, – dass ich dir einfach schreiben musste. (Diese Sache hatte übrigens ausschließlich mit dir zu tun, aber keine zehn Pferde kriegen mich dazu zu sagen, was es war).« Diese *Sache* war Masturbieren, richtig? Oder scheitere ich wieder am Leseverständnis?

Virginia schrieb zurück: »Wenn ich dich anriefe und dich danach befragte, würdest du sagen, dass dir an mir liegt? Wenn ich dir begegnen würde, würdest du mich küssen? Wenn ich in deinem Bett läge, würdest du …?«

Die Beziehung zwischen beiden war zwar entspannt, aber nicht ohne Probleme. Virginia machte keinen Hehl aus ihrem fragilen mentalen Zustand, und Vita hatte Angst, Virginia das Herz zu brechen. Einmal schrieb Vita an Harold: »Ich fürchte mich davor, physische Gefühle in ihr hervorzurufen, aufgrund ihrer psychischen Verfassung … Ich war mit ihr im Bett (zweimal), aber das ist auch schon alles.«

Allzu besorgt schien Vita jedoch nicht zu sein, denn, bewusst oder unbewusst, machte sie Virginia vielfach eifersüchtig. Einmal gestand Vita Virginia, dass sie mit der glamourösen Mary Campbell sexuell verkehrte. Virginia, wenig schockiert, erwiderte daraufhin: »Und ist es nicht erbärmlich, dass du dich so wenig um mich scherst: Ich habe dir immer gesagt, du bist ein promiskuitiver Trampel – Wer ist es diesmal, wieder Mary? Oder eine Jenny oder eine Polly? Hm?«

Das saß.

Vita war bis zu ihrem Tod 1962 glücklich mit Harold verheiratet. Nach ihrem Tod fand einer ihrer Söhne, Nigel, einen verschlossenen Gladstone-Koffer, den Vita in ihrer Schreibstube versteckt hatte. Nachdem er ihn aufgeschlitzt hatte, fand er darin die Rohfassung eines unveröffentlichten Memoirs, das er später zusammen mit einem von ihm verfassten Kommentar unter dem Titel *Portrait einer Ehe* (1973) veröffentlichte. In einem Abschnitt warf Vita der Gesellschaft ein falsches Verständnis von Sexualität und ein überholtes Konzept der Ehe vor: »Ich glaube, dass die Geisteshaltung von Menschen wie mir noch einmal von Interesse sein wird, und ich glaube, eines Tages wird man anerkennen, dass viel mehr Leute meines Schlags existieren als in diesem scheinheiligen System heutzutage gemeinhin zugestanden wird.«

Zuletzt schrieb sie: »Ich vertrete deshalb die völlig akzeptierte Theorie, dass Fälle einer zwiegespaltenen Persönlichkeit existieren, in der weibliche und männliche Elemente abwechselnd überwiegen … Ich habe das Studienobjekt Zeit meines Lebens direkt vor mir gehabt, in meinem eigenen Herzen, und kann die zusätzliche Wahrhaftigkeit meiner eigenen Erfahrung ermessen.«

()

Jenseits des großen Teichs war zwischen ca. 1920 und 1930 in New York City die sogenannte Harlem-Renaissance der Schwarzen Bevölkerung in vollem Gange. Dabei handelte es sich um eine literarische, musikalische und künstlerische Bewegung, die darauf abzielte, sich vom *weißen* Blick auf Schwarze Menschen und Kultur zu befreien und zu einem neuen Selbstbewusstsein zu finden. Außerdem war die Bewegung enorm gay … zumindest, was die Männer betraf … denn selbst eine queere Revolution kann Frauen komplett ausschließen! Queere Frauen gab es *trotzdem,* wie die Blueslegende Gertrude »Ma« Rainey beweist, die 1925 infolge einer Orgie mit ein paar Chorladys verhaftet wurde. Das kommt sofort auf die Bucket List. Der Vorfall inspirierte sie angeblich zu dem Song »Prove It on Me Blues« mit der denkwürdigen Zeile: »Went out last night with a crowd of my friends. They must've been women, 'cause I don't like no men.« Ma Raineys Protegé und Gelegenheitsgeliebte, Bessie Smith, sang ebenfalls gern über Frauen. So coverte sie George Hannahs »The Boy in the Boat« (ein Euphemismus für Klitoris) mit dem Text: »When you see two women walking hand in hand, just look 'em over and try to understand: They'll go to those parties, have their lights down low – only those parties where women can go.« Diese Partys bei gedämpftem Licht klingen verdächtig nach Ma Raineys Orgien …

Bessie hatte ebenfalls eine Vorliebe für Chorgirls, insbesondere für Lillian Simpson. Die beiden führten eine intensive Beziehung, und einmal soll Bessie nach einem Streit geschrien haben: »In meiner Show treten zwölf

Frauen auf, und ich könnte jeden Abend eine mit nach Hause nehmen, wenn ich wollte!« Lillian wollte daraufhin Suizid begehen, indem sie sich in ihrem Hotelzimmer einschloss und das Gas aufdrehte. Notiz an mich selbst: Sag einer Frau nie, du könntest jede haben.

Harlems berühmteste Gender-Bender-Ikone

Die Sängerin und Entertainerin Gladys Bentley war ebenfalls Teil der Harlem-Szene. Genau wie Ma Rainey und Bessie Smith stand Gladys auf Frauen. Zum Beweis trug sie stets einen Smoking und einen Zylinder auf der Bühne. Zum weiteren Beweis flirtete sie offen mit dem weiblichen Publikum, indem sie von ihren sexuellen Abenteuern mit Frauen berichtete. Zum *endgültigen* Beweis heiratete sie eine Frau bei einer illegalen standesamtlichen Zeremonie. Das sollte dann reichen.

Trotz ihrer nach außen hin offen demonstrierten Sexualität hatte Gladys innerlich damit zu kämpfen und fragte sich Zeit ihres Lebens, wieso sie sich zu Frauen hingezogen fühlte. Letztlich kam sie zu dem Ergebnis, es müsse wohl daran liegen, dass ihre Mutter sich ursprünglich einen Sohn gewünscht hatte. Daraufhin fragte sie sich, wieso sie sich im Smoking wohler fühlte und wieso sie zu Schulzeiten in ihre Lehrerin verliebt war.[8] Daran sieht man: Wenn man sich in der Geschichte und in der Gesellschaft nicht repräsentiert fühlt, ist es schwierig, seinen Platz zu finden.

Als die Harlem-Renaissance vorbei war, zog Gladys nach Kalifornien und trat dort in einer der ersten Lesbenbars auf, in Mona's 440 Club in San Francisco. Mona's war ein Ort, an dem Lesben aus dem ganzen Land ihren, äh, Durst löschten und bildschöne Barkeeperinnen in Smokings Drinks servierten. Hmmm, Kleider machen ja Leute, vielleicht machen Smokings dann doch Lesben?!

Während dieser Zeit trieb das Komitee für unamerikanische Umtriebe sein Unwesen. Dieses Komitee bezichtigte und verhörte Menschen, die sich ihrer Auffassung nach unamerikanisch verhielten. Was ist *unamerikanisch*, werdet ihr euch fragen? Tja, Hollywood, Kommunist:innen, Queers, Frauen mit Karriereplänen, Menschen ohne rassistische Ansichten – ihr wisst schon, das Übliche. Gladys stand auch auf ihrer Liste, weil ... sie einen Smoking trug, damals mussten Künstlerinnen nämlich eine Lizenz erwerben, um Männerkleidung tragen zu

---

8 Nur, um es klarzustellen: Das ist KEINE Erklärung dafür, lesbisch oder queer zu sein. Aber ich fühle mich auch definitiv in einem Smoking wohler, und ich stand in der Schule auch auf eine meiner Lehrerinnen, wenn nicht gar auf alle ...

dürfen. Außerdem war da noch diese Kleinigkeit, dass sie illegal eine Frau geheiratet hatte …

Gladys fürchtete das Verhör so sehr, dass sie sich einredete, sie hätte sich selbst von ihrer Homosexualität geheilt, indem sie weibliche Hormone einnahm; sie schrieb sogar einen Artikel für eine Zeitschrift, in dem sie erklärte: »Ich bin wieder eine Frau.« Gladys legte daraufhin ihren Smoking ab und zog stattdessen Kleider an – neiiiiiiiin! Außerdem heiratete sie einen Mann, was weniger tragisch ist als das Ablegen ihres Smokings. Leider war solcher Mist damals an der Tagesordnung, wie das Beispiel Angelina Weld Grimké zeigt.

Angelina wer? Eben.

Angelina war Lehrerin, Kritikerin, Biographin, Dichterin, Drehbuchautorin und Wegbereiterin der Harlem-Renaissance. Trotz ihres Genies wurde (und wird noch immer) Angelina nicht die ihr zustehende Anerkennung zuteil.

Dafür gibt es viele Gründe, wobei der erste ihr Geschlecht ist. Frauen wurden damals nicht respektiert (anders als heute …), so dass ihr Talent oftmals unbeachtet blieb. Der zweite Grund war ihre Hautfarbe. Schwarze wurden damals unmenschlich behandelt (anders als heute …), so dass ihr Talent oftmals unbeachtet blieb. Und der dritte Grund war, dass sie auf Frauen stand. Sie war queer. Sie war eine queere, Schwarze Frau, eine Frau, die Schwarz und queer war. Somit blieb ihr Talent … ihr wisst, worauf ich hinauswill.

Angelina stammte aus einer Familie von *weißen* Sklavereigegner:innen, Sklavenhalter:innen und Versklavten. Ihre Großtante und Namensgeberin war die *weiße* Sklavereigegnerin und Suffragette Angelina Emily Grimké Weld, ihr Vater, Archibald Henry Grimké, war der Sohn eines *weißen* Sklavenhalters und einer Schwarzen Versklavten, und ihre Mutter, Sarah Stanley, die die Familie verließ, als Angelina noch ein Kind war, stammte aus einer *weißen* Mittelschichtsfamilie. Dieses persönliche Erbe und die abwesende Mutter beeinflussten ihr Schreiben. Aber Angelina beschäftigte sich in ihren Werken noch mit anderen Dingen … lesbischen Dingen.

1896, mit gerade einmal sechzehn, schrieb Angelina einen Brief: »Ich weiß, du bist noch zu jung, um zu heiraten, aber, Liebling, ich hoffe, in ein paar Jahren wirst du zu mir kommen und meine Liebe, meine Ehefrau werden! Wie dreht sich mir der Kopf, wie hüpft mein Herz vor Freude und Irrsinn, wenn ich an diese beiden Worte denke, ›meine Ehefrau‹.«

Dieser Brief war an eine Mamie gerichtet, doch Angelina hatte zwei Mamies in ihrem Leben: ihren Schatz,

Mary »Mamie« Burrill, und ihren anderen Schatz, Mary »Mamie« Edith Karn. Gleich zwei Schätze, die beide Mamie heißen, was für ein Zufall, nicht wahr? Eher nein, wie ich mir sagen ließ, denn im 19. Jahrhundert hießen alle Marys »Mamie« – und Mary hießen alle.

Doch Angelina schrieb auch gern über Frauen, die nicht zufälligerweise Mary hießen. In ihrem Gedicht »Caprichosa«, schrieb Angelina zum Beispiel darüber, wie sehr sie Frauen liebte und gleichzeitig unfähig war, ihren Gefühlen Taten folgen zu lassen.

Kleine Lady, verschämt und verlegen,
die Augen von manch Schatten umgeben,
Geworfen von Wimpern, so lang und sacht,
Weiche Lippen, wie fürs Singen gemacht,
Ach, könnt ich nur einen Kuss erhaschen,
einst von ihrem süßen Nektar naschen …

Angelinas Vater, Archibald, prägte ebenfalls ihr Schreiben. Archibald war Black-Rights-Aktivist und einer der Vizepräsidenten der National Association for the Advancement of Colored People (NAACP). Folglich beleuchtete Angelina in ihren Werken oft die rassistische Ungleichbehandlung und die psychologischen Auswirkungen, die diese auf die Schwarze Community hatte (und noch immer hat). 1916 schrieb Angelina das Stück *Rachel,* nachdem die NAACP Schwarze Autor:innen dazu aufgerufen hatte, dem furchtbar rassistischen Film *Die Geburt einer Nation* etwas entgegenzusetzen. Das Stück handelt von einer jungen Schwarzen Frau, die vom Rassismus so angewidert ist, dass sie sich schwört, niemals Kinder in diese Welt zu setzen. Bei der Uraufführung des Stücks stand im Programm: »Dies ist der erste Versuch, eine Propaganda auf die Bühne zu bringen, die das amerikanische Volk über die beklagenswerte Situation von Millionen von Colored People in diesem freien Land aufklären soll.«

Mit *Rachel* wurde Angelina zu einer der ersten Schwarzen Frauen, die ein Theaterstück über Schwarze Anliegen schrieb. Das machte sie auch zur ersten Schwarzen queeren Frau, die ein Theaterstück über Schwarze Anliegen schrieb.

Obwohl Angelina ihrem Vater nahestand, war das Verhältnis angespannt. Archibald war sehr fordernd und stellte hohe moralische und akademische Anforderungen an seine Tochter. Da Angelina ein kluges Köpfchen war, erfüllte sie seine Erwartungen, was aber gleichzeitig hieß, dass es keinen Raum gab, um ihre Sexualität genauer zu ergründen.

In dem Gedicht »An meinen Vater zu seinem fünfundfünfzigsten Geburtstag« würdigt Angelina ihren

Vater dafür, sie ohne Mutter großgezogen zu haben. Alles gut und schön, aber dann deutet sie an, was sie ohne ihn gewesen wäre …

Was wäre ich, geliebter Vater, ohne Euer Zutun?
Ich wende den Blick ab vor dieser Vorstellung und
Bin froh; denn Eure liebenden Hände haben mich geformt;
Die Ehre, geliebter Vater, gebührt nicht mir; das wart alles Ihr

Was du ohne das Zutun deines Vaters gewesen wärst? Eine große alte Lesbe!

Nach dem Tod ihres Vaters 1930 zog Angelina nach New York und begab sich in die aufkommende Harlemer Szene. Obwohl sie sich in ihren Werken offen als queer zu erkennen gibt, reichten der Tod ihres Vaters und der Umzug nach New York nicht aus, um sich zu outen. 1958 starb sie zurückgezogen von der Welt mit achtundsiebzig Jahren. Ein Happy End gibt es selten in der Geschichte queerer Frauen. Die Chancen stehen schon besser, wenn man *weiß* ist, aber selbst dann ist es noch immer ein bisschen scheiße.

ICH BIN HEILFROH, DASS ES EUCH GIBT

1950 verließ Lorraine Hansberry ihre Heimatstadt Chicago, um in New York als Schriftstellerin durchzustarten. Lorraine war talentiert und schrieb schon bald für *Freedom*, eine monatlich erscheinende Zeitung, die von den Bürgerrechtsaktivisten Paul Robeson und Louis E. Burnham herausgegeben wurde. Der Schwerpunkt der Zeitung lag auf Schwarzen Menschen und Schwarzen Anliegen, was *weiße* Leser:innen ärgerte, weil sie sich ausgeschlossen fühlten. Doch das war okay, weil sie unzählige andere Zeitungen lesen konnten, die sich nur mit *weißen* Menschen und *weißen* Anliegen beschäftigten, etwa, wie man Schwarze aus seiner Nachbarschaft vertreibt. Das war nämlich ein großes Anliegen der *Weißen*. Das Motto von *Freedom* lautete: »Wo ein Einziger versklavt ist, liegen alle in Ketten«, und das Blatt rief seine Leser:innen regelmäßig dazu auf, den Schwachsinn *weißer* Leute zu entlarven und zu widerlegen, also Dinge wie Rassismus, Rassismus und Rassismus. Lorraine Hansberrys Aufgabe in der Redaktion war es, eine feministische Perspektive auf Schwarze Unterdrückung einzubringen, die sie durch ihr Engagement bei Sojourners for Truth and Justice mitbrachte, einer Bürgerrechtsorganisation für Schwarze Frauen. Lorraine hatte Unterdrückung am eigenen Leib erfahren, als *weiße* Leute mit ihren *weißen* Anliegen versuchten, ihre Familie aus ihrem Haus zu vertreiben – mit der Begründung, es handle sich um ein *weißes* Viertel. Ein weiterer Grund, weshalb sie genau die Richtige für den Job war.

Ungefähr zur gleichen Zeit lebte in San Francisco das lesbische Paar Dorothy Louise Taliaferro, genannt »Del Martin«, und ihre Freundin Phyllis Lyon. Beide hatten viele schwule, aber keine lesbischen Freund:innen. Die schwulen Freunde fanden das seltsam, also stellten sie Del und Phyllis ihren *anderen* lesbischen Freundinnen vor. Wenn man ehrlich ist, wollten die schwulen Freunde Del und Phyllis vermutlich einfach nur loswerden. Was auch immer sie vorhatten, es funktionierte, denn Del, Phyllis und ihre neuen lesbischen Freundinnen wurden schnell BFFs, die sich wiederum mit anderen Lesben anfreundeten, so dass ein Riesenlesbenclub daraus wurde.

Eines Abends verkündete eine der Freundinnen, sie habe vor, einen politischen Lesbenverein zu gründen. Dort sollte über queere Politik und die Gesellschaftsstrukturen des Patriarchats diskutiert sowie für mehr Lecken statt Fingern plädiert werden. Womöglich habe ich mir Letzteres nur ausgedacht.

Der wichtigste Grund für die betreffende Lesbe, einen Verein zu gründen, war jedoch, dass man dann eine eigene Location hätte, denn zu jener Zeit war Tanz mit gleichgeschlechtlichen Partner:innen verboten, und es geht doch nichts über eine gute Party, bei der man so richtig abdanct. Gleichberechtigung und Wahlrecht sind auch super, aber ganz ehrlich … Tanzen …

Der Rest des Riesenlesbenclubs war einverstanden und wählte Del zur Präsidentin. Nun mussten sie nur noch einen Namen finden, einen Namen, der obskur genug war, damit keine Heteros auf sie aufmerksam wurden, aber offenkundig genug, damit queere Frauen es durchschauen würden. So entstanden »The Daughters of Bilitis«, kurz DOB. Leider bin ich offenbar nicht lesbisch genug, um es sofort durchschaut zu haben, und für alle unter euch, denen es ähnlich geht: »Bilitis«, so hieß die fiktionale lesbische Freundin von Sappho, die der französische Lyriker Pierre Louÿs einst erschuf. Falls ihr das schon wusstet, Glückwunsch, ihr bekommt zehn Lesbenpunkte und einen Gratis-Minibackofen dazu.

Die DOB konnten ihren Verein allerdings nirgends offiziell bewerben, denn welches Medium machte schon

Werbung für Lesben? Also beschlossen sie, das einfach selbst zu übernehmen. Doch anstatt Flyer zu verteilen oder Poster aufzuhängen, machten sie das, was die *Freedom* und andere Minderheiten seit Anbeginn der Zeiten vor ihnen getan hatten: Sie gründeten ihr eigenes Printmedium. *The Ladder* war geboren.

Die lesbische Gedankenpolizei

Während in Europa schon eine ganze Weile lesbische Zeitschriften kursierten, dauerte es in den USA bis 1956, bis die erste landesweit erhältliche Lesbenzeitschrift herauskam. Das ist wenig überraschend, wenn man bedenkt, dass die USA auch mit der gleichgeschlechtlichen Ehe spät dran waren und sie erst 2015 einführten. Zugegeben, in Großbritannien geschah das auch nur ein Jahr früher und in Deutschland sogar erst 2017 ... In der ersten Ausgabe der *Ladder* wurde die Mission der Zeitschrift formuliert, die einige der größten Probleme hervorhebt, mit denen queere Frauen zu kämpfen hatten, etwa eine fehlende, speziell auf ihre Bedürfnisse ausgerichtete Gesundheitsversorgung und eine fehlende Darstellung von queeren Frauen in der Geschichte. Ironischerweise weigerten sich die Herausgeberinnen der *Ladder*, das Wort »Lesbe« zu verwenden (das zu der

Zeit ein Schimpfwort und noch nicht positiv umgedeutet war) und bezeichneten sich stattdessen als »Variante«.

Lorraine Hansberry hatte in New York derweil den Theaterproduzenten Robert Nemiroff geheiratet. Manche mögen argumentieren, es sei eine Zweckehe gewesen, denn Lorraine hatte in ihren Briefen an *The Ladder* unmissverständlich klargemacht, dass sie in Wirklichkeit eine Volllesbe war.

DAUGHTERS OF BILITIS – ZIELSETZUNG

1. Aufklärung der Variante, mit besonderem Fokus auf psychologische und soziologische Aspekte, damit sie sich selbst besser versteht und sich entsprechend an die Gesellschaft anpassen kann mit all ihren sozialen, bürgerlichen und ökonomischen Implikationen, indem eine Bibliothek aus sowohl fiktionaler als auch nichtfiktionaler Literatur zu abweichendem Sexualverhalten bereitgestellt wird; durch das Sponsern öffentlicher Diskussionen zu entsprechenden Themen, die von führenden Vertreter:innen juristischer, psychiatrischer, religiöser und anderer Berufsgruppen gehalten werden sollen; durch das Befürworten einer bestimmten Verhaltens- und Kleidungsweise, die für die Gesellschaft akzeptabel ist;
2. Aufklärung der Öffentlichkeit durch Schaffung von Akzeptanz zuerst auf individueller Ebene, die letztlich falsche Vorstellungen, Tabus und Vorurteile beseitigen wird; durch öffentliche Podiumsdiskussionen; durch die Verbreitung von Lehrmaterialien zum Thema Homosexualität.
3. Teilnahme an Forschungsprojekten durch bevollmächtigte und verantwortliche Psycholog:innen, Soziolog:innen und anderen Expert:innen zur Erweiterung des Wissens über Homosexualität.
4. Überprüfung des Strafgesetzbuches in Bezug auf Homosexualität, Vorbringen von Änderungsvorschlägen, um eine gerechte Behandlung von Fällen unter Beteiligung dieser Minderheit zu erreichen, sowie das Einbringen dieser Änderungen in das ordentliche Gesetzesverfahren der Bundesstaaten.

Ich bin heilfroh, dass es euch gibt. Ihr seid offenkundig seriös, und ich habe den Eindruck, dass Frauen, ohne eine strikte Trennung forcieren zu wollen, ob homo oder hetero, tatsächlich eigene Publikationen und Organisationen brauchen. Unsere Probleme, unsere Erfahrungen als Frauen unterscheiden sich grundlegend von denen der anderen Hälfte der Menschheit. Frauen, genau wie andere unterdrückte Gruppen jedweder Art, haben besonders unter der intellektuellen Verarmung gelitten, die mit der zweitklassigen Behandlung einherging, der man uns über Jahrhunderte ausgesetzt hat. Deshalb empfinde ich The LADDER als einen wunderbaren, ersten Schritt in die richtige Richtung …
L. H. N. (The Ladder, Bd. 1, Nr. 8, Mai 1957)

Nicht lange nach ihrem ersten Leserbrief schrieb Lorraine erneut an die Zeitschrift und beschrieb diesmal ihren inneren Konflikt, was ihre eigene Sexualität sowie die gesellschaftlichen Erwartungen an Frauen und die Ehe betraf. Dank der Lesben-, sorry, Varianten-Zeitschrift hatte Lorraine mehr Verständnis dafür entwickelt, weshalb sie sich zu Frauen hingezogen fühlte, und wurde befähigt, damit authentisch und künstlerisch beeindruckend umzugehen.

> *Ich würde gern auf die Frage eingehen, die ihr aufgeworfen habt, was heterosexuell verheiratete Lesben angeht. Ich bin eine davon. Wahrscheinlich können wir nicht einmal ermessen, wie viele Frauen es gibt, die nicht bereit sind, ein Leben zu riskieren, das von dem abweicht, was ihnen ihr ganzes Leben lang beigebracht wurde und wovon sie glaubten, dass es ihr natürliches Schicksal UND ihre einzige ÖKONOMISCHE Absicherung sei …*
> *L. N. (The Ladder, Bd. 1, Nr. 11, August 1957)*

The Ladder erhielt einerseits viel Zuspruch, wurde andererseits aber auch heftig kritisiert. Viele queere Frauen konnten nicht verstehen, wieso die DOB so besessen davon waren, das Gleiche haben zu wollen wie Heteros. Wollten sie wirklich heiraten dürfen, nur um sich zehn Jahre später wieder scheiden zu lassen? Wollten sie wirklich im Partnerlook herumlaufen und Urlaubsfotos in Alben kleben? Wollten sie sich wirklich chinesische Schriftzeichen auf den Rücken tätowieren lassen? Lesben wollten Heteronormativität doch ablehnen und nicht sich darin einreihen, richtig?! Trotz all dieser Konflikte war die Zeitschrift revolutionär insofern, als sie eine gemeinsame Community für queere Frauen aus sämtlichen Landesteilen der USA schuf. Lesben wie die wunderbare und erstaunliche Lorraine Hansberry.

1957 vollendete Lorraine *A Raisin in the Sun,* was das erste am Broadway aufgeführte Stück werden sollte, bei dem die Drehbuchautorin, der Regisseur und der Großteil der Besetzung Schwarze waren. Daraufhin wurde Lorraine auch die erste Schwarze Drehbuchschreiberin und die jüngste Preisträgerin, die je den New York Drama Critics' Circle Award gewann. Habt ihr irgendwas davon gewusst? Vermutlich nicht, denn die Geschichtsschreibung hasst Lesben, Schwarze Lesben und erfolgreiche Schwarze Lesben.

Jetzt kommt bestimmt wieder irgend so ein Langweiler daher und gibt seinen Senf dazu. Ihr wisst schon, so was wie: »Wen kümmert's, dass sie Schwarz war? Ich sehe keine Hautfarben, ich sehe nur Menschen. Mir reicht's mit dieser ewigen positiven Diskriminierung.« Bla, bla, bla. Vielleicht sollte derjenige erst mal im segregierten Chicago aufwachsen, dabei zusehen, wie der eigene Vater völlig ausbrennt im Kampf gegen die Rechtsklagen der *weißen* Nachbar:innen und dann versuchen, ein Theaterstück darüber zu schreiben. Gar nicht so leicht, wie es aussieht, stimmt's?

Und falls Lorraine tatsächlich lesbisch war, wäre sie zudem die erste Schwarze Lesbe, die den New York

Drama Critics' Circle Award gewann. Etwas, was ich, ebenso wie Tausende, vielleicht Millionen anderer, für fucking noch mal erwähnenswert halte.

Lorraine und ihr Ehemann ließen sich letztlich scheiden, woraufhin sie sich zunehmend in der queeren Untergrundszene bewegte und mit anderen lesbischen Schriftstellerinnen abhing, darunter Louise Fitzhugh, Eve Ward und Patricia Highsmith. Die meisten dieser Frauen waren *weiß*, so dass Lorraine oft die einzige Schwarze im Raum war. Um diese Zeit herum lernte Lorraine auch den Schwarzen Autor und Bürgerrechtsaktivisten James Baldwin kennen. Die beiden freundeten sich eng an, und Lorraine stellte James viele ihrer lesbischen Freundinnen vor, wodurch ihre *weiße* Lesbenszene mit ihrem Schwarzen Intellektuellenkreis in Kontakt kam.

Aus den DOB waren derweil Zweigstellen hervorgegangen. Nicht nur gab es regelmäßige Treffen in San Francisco, sondern auch in New York City. Del und Phyllis hatten die lesbische Aktivistin Barbara Gittings rekrutiert, um den neuen New Yorker Ableger aufzubauen, und das, obwohl Barbara den Namen Daughters of Bilitis zuvor als unpraktisch, unaussprechlich und im Grunde genommen scheiße gebrandmarkt hatte. Naja, sie hat nicht ganz unrecht, oder?

Barbara organisierte monatliche DOB-Treffen mit

Gastredner:innen, etwa Ärzt:innen, Psychiater:innen, Minister:innen und Anwält:innen. Diese Referent:innen legten dann wohlwollend ihre Ansichten zu Homosexualität dar und gaben oft ungefragt ihre Meinungen, Ratschläge und Heilmethoden zum Besten. Manches ändert sich eben nie.

Anfangs fand Barbara es toll, dass so kluge und interessante Leute mit vollen Terminkalendern sich die Zeit nahmen, um über die missliche Lage der Lesbe zu sprechen. Doch nach einer Weile fiel Barbara auf, dass das, was sie erzählten, ziemlicher Bullshit war, und bald schon beschloss sie, dass nur queere Frauen qualifiziert genug waren, über queere Angelegenheiten zu reden. Was du nicht sagst.

1963 übernahm Barbara die redaktionelle Leitung von *The Ladder*. Obwohl sie dankbar war, dass solch eine Zeitschrift überhaupt existierte, hasste sie es, dass darin immer noch das Wort »Variante« für »Lesbe« verwendet wurde. Barbara fand auch, dass es die Gesellschaft war, die sich ändern und Lesben als gleichberechtigt anerkennen sollte, anstatt Lesben dazu aufzufordern, nicht mehr mit Flanellhemden, ölverschmierten Westen und Vokuhila-Frisuren herumzulaufen.

Del und Phyllis mochten Barbaras militanten Ansatz nicht und wollten lieber, dass das Blatt unpolitisch blieb. Langweilig! Doch wie Barbara nun mal war, entschied sie sich dagegen und nahm zahlreiche Änderungen an der Zeitschrift vor, etwa indem sie die seltsamen Zeichnungen auf dem Deckblatt durch Fotos von echten Lesben ersetzte. Das nenne ich mal Fortschritt. Außerdem setzte sie die Unterüberschrift »A Lesbian Review« in dicken, fetten Lettern unter den Titel.

Nicht lange, nachdem Barbara Herausgeberin geworden war, wurde bei Lorraine Hansberry Bauchspeicheldrüsenkrebs diagnostiziert. Sie starb mit gerade einmal vierunddreißig. Lorraines sexuelle Identität blieb lange verborgen, vor allem, weil ihr Ex-Mann sämtliche Dokumente in ihrem Nachlass, aus denen ihre Vorliebe für Frauen hervorging, zurückhielt. Ach, Lorraine, du warst heilfroh, dass es *The Ladder* gab, ich – wir alle – sind heilfroh, dass es dich gab.

1972 wechselte bei *The Ladder* erneut die Leitung. Diesmal mit einer anderen Barbara als Herausgeberin. Schon wieder diese Namenshäufung! Steckt dahinter ein System? Würde ich mehr Pussys abkriegen, wenn ich Anne, Mary oder Barbara hieße?

Barbara Grier, genau wie Barbara Gittings, sprach sich für eine feministischere Haltung des Blatts aus. Mutig strich sie kurzerhand das Wort »Lesbe« vom Cover, um mehr Frauen anzusprechen. Sie rückte auch weiter von der assimilierenden Haltung von Del und Phyllis ab und fügte zwanzig Seiten zu den Themen Feminismus und queerer Feminismus hinzu. Die Abozahlen verdreifachten sich daraufhin.

Das widersprach erneut der ursprünglichen Idee von Del und Phyllis, woraufhin sich die DOB und letztlich auch die Zeitung auflösten. *The Ladder* wurde 1972 eingestellt.

Barbara Gittings fuhr mit ihrer Mission fort, ein positiveres und konstruktiveres Bild von Homosexualität zu zeichnen. Sie durchstöberte Bibliotheken und Second-Hand-Buchhandlungen auf der verzweifelten Suche nach historischen Lesben, die nicht depressiv waren. Na, dann viel Glück. Barbara kam nur langsam voran, weil in der Vergangenheit offenbar keine Lesben existierten, bis die Lesbian Herstory Archives daherkamen und das Gegenteil bewiesen.

Geschichte:

»Sie haben zusammen gelebt, zusammen gegessen, zusammen geschlafen und Sex miteinander gehabt.«

Historiker:innen:

»Also waren sie Mitbewohnerinnen?«

The Lesbian Herstory Archives wurden eingerichtet, um lesbische Geschichte zu dokumentieren. Die Archive enthalten eine Fülle an Briefen, Fotografien und Literatur sowie jeden kleineren oder größeren Beweis, dass Lesben schon immer existierten. Die Sammlung war ursprünglich in der New Yorker Wohnung der Mitbegründerin Joan Nestle angesiedelt, aber im Laufe der Jahre kam immer mehr Material hinzu und schon bald war das Apartment zu klein.

Joan Nestle war in New York aufgewachsen und wohlbekannt in der Lesbenszene. In den frühen 1970er Jahren begegnete sie Mabel Hampton, die nach Harlem in New York gezogen war, nachdem sie ihre Eltern früh verloren hatte. Mabel war während der Harlem-Renaissance als Tänzerin in vielen Produktionen mit einem rein Schwarzen Cast aufgetreten. Als die Harlem-Renaissance zu Ende ging, fand Mabel eine Anstellung als Haushälterin, und zwar, wie der Zufall es wollte, ausgerechnet im Haus von Joan Nestle.

Die beiden schlossen sofort Freundschaft und arbeiteten zusammen daran, die Lesbian Herstory Archives zu einem Erfolg zu machen; das Archiv enthielt sogar Teile von Mabels Sammlung lesbischer Groschenhefte. Genau wie Joan engagierte sich Mabel für die Rechte von Homosexuellen und nahm Zeit ihres Lebens an jedem Pride March teil. Sie war so bekannt in der Community, dass sie bei einem Gay Pride March in New York zum »Grand Marshall«, zum Großmarschall, gekürt wurde (ja, das gibt's), und erhielt später eine Auszeichnung für ihr Lebenswerk von der National Coalition of Black Lesbians and Gays. Bevor sie 1989 mit siebenundachtzig Jahren starb, sagte Mabel einmal: »Ich, Mabel Hampton, bin mein ganzes Leben lang Lesbe gewesen, zweiundachtzig Jahre lang, und ich bin stolz auf mich und meinesgleichen. Ich wünschte, meine Leute wären in diesem Land und überall auf der Welt frei, meine queeren Leute und meine Schwarzen Leute.«

Die Lesbian Herstory Archives werden noch immer von Engagierten aktiv mit Le(s)ben gefüllt und befinden sich seit 1973 in einem eigenen Gebäude in Brooklyn. Man kann das Archiv jederzeit besuchen und sich selbst davon überzeugen, dass Lesben sehr wohl in der Vergangenheit existierten, ein eigenes Leben führten und … glücklich waren.

»Jede dachte: ›Ich bin die Einzige‹«

Del Martin

Del und Phyllis blieben der lesbischen Community ihr ganzes Leben lang eng verbunden und gehörten 2004 zu den ersten gleichgeschlechtlichen Paaren, die in San Francisco heirateten. Leider wurde die Homo-Ehe später vom kalifornischen Supreme Court für ungültig erklärt. Also heirateten sie vier Jahre später einfach noch mal, nachdem der kalifornische Supreme Court die Homo-Ehe zum zweiten Mal legalisierte. Überhaupt nicht verwirrend … Del starb zwei Monate später, Phyllis lebte noch bis 2020.

Barbara Grier kämpfte ebenfalls weiterhin für lesbische Sichtbarkeit und schuf während ihrer Zeit bei *The Ladder* die weltberühmte Bibliographie »Die Lesbe in der Literatur«. Diese beinhaltet ein eigenes Bewertungssystem für lesbische Literatur, das heute unter dem Namen »Grier Ratings« bekannt ist. Mittels eines Buchstaben-Rankings bewertete sie, wie prominent lesbische Themen und Figuren vorkamen, und mittels Sternchen, *wie* sie dargestellt wurden.

Ein Beispiel:

Ein A*** beinhaltet lesbische Figuren, die glaubwürdig und leidenschaftlich dargestellt werden.

Ein A (ohne Sternchen) beinhaltet lesbische Protagonistinnen, aber mit mieser Darstellung.

B oder C haben lesbische Nebenhandlungen, aber entweder in Form von verkappten Lesben oder nur in Andeutungen.

Die letzte und fabelhafteste Kategorie aber war Literatur vorbehalten, die nur den männlichen Blick bediente, und mit T wie »Trash« bewertet wurde. Und wie man sich denken kann, gab (und gibt) es davon jede Menge.

Barbara gründete später den Naiad-Verlag und verbrachte den Rest ihres Lebens damit, Bücher für Frauen zu veröffentlichen, die sich selten in der Literatur wiederfanden, etwa *Lesbian Nuns: Breaking Silence* (1985), das in Boston untersagt und von der Katholischen Kirche verurteilt wurde.

1970 trat Barbara Gittings dann zusammen mit sechs anderen geouteten Lesben im Fernsehen auf. Die Sapphic Seven gehörten zu den ersten offen lesbischen Frauen, die in den USA im Fernsehen zu sehen waren und hielten nicht nur ihr Gesicht in die Kameras der Nation, sondern taten dies auch noch mit Stolz.

Vor ihrem Tod 2007 sagte Barbara einmal rückblickend über ihr Leben als Aktivistin: »Als Jugendliche musste ich ganz allein damit kämpfen, herauszufinden, wer ich war und was es hieß, gay zu sein. Nun habe ich 48 Jahre lang das Vergnügen gehabt, mit anderen queeren Leuten aus dem ganzen Land zusammen daran zu arbeiten, uns die Frömmler vom Hals zu halten, die Hemmschwellen fürs Outing zu senken, die Vorurteile aus den Herzen und Köpfen zu kriegen und zu zeigen, dass queere Liebe gut für uns und auch für den Rest der Welt ist. Das ist harte Arbeit – aber sie ist enorm wichtig und dankbar und oft macht es großen Spaß!« Sie hat recht. Das macht es.

WAS FÜR EIN AUFSTAND

Die 1960er Jahre brachten eine zweite Welle der Frauenbewegung und diesmal waren alle lieb zueinander! Verschiedene Perspektiven wurden angehört und Probleme offen und respektvoll diskutiert! Zumindest hätte es genau so sein sollen. Aber Cis-Heteros und Queerios waren leider doch nicht so freundlich zueinander, wie man gehofft hätte. Die beiden Seiten gerieten aneinander, da die Feministinnen der zweiten Welle fanden, die Lesben stünden ihrem Anliegen im Weg, und die Lesben fanden, die Feministinnen verhielten sich wie Arschlöcher. Dieser Streit führte dazu, dass die berühmte Feministin Betty Friedan anfing, Lesben als »lavender menace«, als »lila Bedrohung«, zu bezeichnen.

Vorsicht vor der lila Bedrohung!

Die Bezeichnung »Lila Bedrohung« für Lesben wurde zu einem beliebten Schimpfwort unter Heteros in den Anfangstagen des Kalten Krieges, analog zu US-Senator Joseph McCarthys Hexenjagd auf Kommunist:innen, die unter dem Begriff »Red Scare«, »Rote Angst«, bekannt war.

McCarthy befand, es gäbe einen engen Zusammenhang zwischen Kommunismus und Homosexualität. Diese lächerliche Theorie führte dazu, dass Tausende homosexueller Männer und Frauen aus dem Staatsdienst geworfen wurden mit der Begründung, sie stellten ein Risiko für die nationale Sicherheit dar. McCarthy behauptete, Homosexuelle seien einfach zu manipulieren und somit leichte Beute für Kommunist:innen, die sie auf ihre Seite ziehen wollten. Wenn Sarah Paulson Hardcore-Kommunistin wäre, würde ich ganz sicher nicht widerstehen können, insofern müsste die eigentliche Frage lauten: Wie hot waren diese Commies?

Aus »Lavender Menace« wurde schnell »Lavender Scare«, der sich nicht nur gegen Lesben, sondern gegen alle queeren Menschen richtete und zahlreiche Leben zerstörte. Mit betroffen waren zudem »weibische« Hetero-Männer sowie Frauen, die es wagten, in *Hosen* zur Arbeit zu gehen.

Aber wieso überhaupt Lavendel? Was hat diese lila Pflanze, die man normalerweise mit Niesen und älteren Damen assoziiert, mit Lesben zu tun? Tja, das geht wohl zurück auf die Zeit, als unsere geschätzte Sappho in ihren Gedichten beschrieb, wie sie und ihre Geliebte(n) Kronen aus lila Veilchen trugen. Bald darauf fingen Lesben an, Veilchen und Lavendel als Erkennungszeichen zu verwenden oder sie zu verschenken, um ihr Interesse an einer Lady zu bekunden. Insofern könnt ihr euch vorstellen, dass die lesbische Community nicht allzu erfreut war, als die nicht-queeren Feministinnen der zweiten Welle diesen Code nutzten, um sie zu verunglimpfen.

Es war eine echte Schande, denn die zweite Welle der Frauenbewegung leistete ansonsten ganz gute Arbeit. Klar, sie ignorierten weiterhin BIPoC, genau wie die Frauenrechtsaktivistinnen der ersten Welle vor ihnen. Wenn *weiße* Feministinnen sich beispielsweise für die Pille und das Recht auf Verhütung einsetzten, stimmten Feministinnen of Color zu, forderten aber gleichzeitig Weiteres, etwa das Beenden von Zwangssterilisation. *Weiße* Feministinnen hatten daran jedoch kein Interesse, da von *ihnen* nur wenige zwangssterilisiert wurden. Außerdem war es ihnen immer noch ein großes Anliegen, arbeiten zu gehen, statt den Haushalt zu schmeißen, wohingegen die Feministinnen of Color meinten: »Wir machen seit Jahren beides!« Und klar, die Aktivistinnen der zweiten Welle grenzten eben auch Lesben weiterhin aus und waren besorgt, es könnte ihren politischen Zielen schaden, wenn man sie in Verbindung mit ihnen brächte. Nehmen wir beispielsweise die heterosexuelle Feministin Susan Brownmiller, die den Versuch unternahm, Lesben auf ihre Seite zu ziehen, indem sie Betty Friedans »Lila Bedrohung« herunterspielte und stattdessen spottete: »Lila Hering vielleicht, aber keine akute Gefahr«. Hering? Hering?! Wie konnte sie allen Ernstes glauben, Lesben würden das witzig finden? Und wie kam sie da überhaupt drauf? Doch da Lesben glücklicherweise erfinderisch und bekanntermaßen äußerst humorvoll sind, reklamierten sie die Beleidigung einfach für sich und verwendeten sie für ihren Protest bei einer Veranstaltung der National Organization for Women, deren Präsidentin Betty Friedan war. Die Demonstrantinnen trugen T-Shirts mit den Slogans »Ich bin ein lila Hering« und »Lila Bedrohung« und enterten die Bühne, wo sie mehr Repräsentation für Lesben forderten.

Insofern joah, die Aktivistinnen der zweiten Welle der Frauenbewegung waren bestimmt … äh … irgendwie hilfreich!

Eine politische Entscheidung?

Eine der sichtbarsten Demonstrantinnen war die Bürgerrechtsaktivistin und Autorin Rita Mae Brown, die später »The Furies Collective« mitbegründete, eine Kommune aus lesbischen Separatistinnen, die Heterosexualität als Ursprung der Unterdrückung ausmachte. Die Kommunenmitglieder verstanden Lesbischsein als politischen Akt und vertraten die Vorstellung, dass sexuelle Orientierung eine politische und feministische Entscheidung und eine positive Alternative zur Heterosexualität war. Laut dem Mantra des politischen Lesbentums musste man nicht mal Sex mit einer Frau haben, es reichte, das Patriarchat abgrundtief zu hassen.

Interessanterweise identifizierte sich Rita Mae Brown selbst nicht als Lesbe und vertrat entschieden ihre Ansichten zu Sexualität und Labels. 2015 sagte Rita Mae gegenüber der *Washington Post*:

> *Ich liebe Sprache, ich liebe Literatur, ich liebe Geschichte, und ich bin nicht im Entferntesten daran interessiert, gay zu sein. Ich finde, das sind alles völlig nutzlose und beschränkende Kategorien. Das sind Definitionen vonseiten unserer Unterdrücker, wenn man so will. Die möchte ich nur ungern verwenden. Ganz sicher nicht werde ich*

mich – jemals – mit den Begrifflichkeiten meiner Unterdrücker betiteln. Wenn man diese Begriffe akzeptiert, wird man pauschal einer Gruppe zugeordnet. Mag sein, dass eine solche Gruppierung wichtig ist, um gegen die Unterdrückung anzukämpfen; das verstehe ich, aber ich akzeptiere es nicht.

Die bisexuelle Community war ebenfalls wütend. Sie waren unzufrieden damit, wie die lesbische Community sie behandelte und ablehnte. Sie waren auch unzufrieden damit, wie Heteros sie behandelten und ablehnten. Und damit waren sie nicht allein. Auch trans* Personen hatten das Gefühl, innerhalb der Queer-Community keinen Raum zu bekommen. Sie hatten recht, und selbst heute noch werden sie und andere queere Gruppen an den Rand gedrängt oder gänzlich ausgeschlossen.

Die Latina-Lesben und die Schwarzen Lesben (Salsa Soul Sisters, Mujeres Creando), die asiatischen Lesben (Asian Lesbians of the East Coast, Asian Pacifica Sisters) und Millionen anderer Lesben, die ebenfalls nicht *weiß* waren, begründeten alle ihre eigenen Bewegungen. Sie waren wütend auf die *weißen* lesbischen Feministinnen, die immer nur an sich dachten und nicht die Probleme anerkennen wollten, die sich an der intersektionalen Schnittstelle zwischen Race, Gender und Klasse ergaben. Diese Gruppierungen sowie der gemeinsame

Hass auf Heteronormativität brachten ein bahnbrechendes politisches Statement hervor, das dabei half, die LGBTQIA+-Bewegung zu schaffen, die wir heute kennen.

Kommen eine Butch und eine trans* Aktivistin in eine Bar …

28. Juni 1969. Die große, dunkelhaarige und gut aussehende New Yorker Stone Butch Stormé DeLarverie genehmigte sich einen Drink im Stonewall Inn an der Christopher Street in Greenwich Village, New York City. Damals gehörte das Stonewall Inn der Mafia. Das Lokal hatte keine Schanklizenz, kein fließendes Wasser und keine Feuertreppen, aber es war die einzige Bar der Stadt, in der Frauen miteinander tanzen konnten. Für einen Slow Dance nimmt man einen Tod durch Verbrennen doch gern in Kauf.

Da Lesbentum noch immer relativ illegal war, verstieß Cross-Dressing gegen die Regeln. Wenn also eine Frau erwischt wurde, wie sie nicht mindestens drei »weibliche« Kleidungsstücke trug, etwa ein Kleid, einen Rock oder zwei Socken, die sie sich in den BH gestopft hatte, wurde sie verhaftet. Diese Gesetze existierten streng genommen nicht und wurden stattdessen durch extrem homophobe Polizeipraktiken institutionalisiert, die quer durch die USA bekannt waren, vor allem in New York. Nicht, dass es das irgendwie besser macht.

Um 1:20 Uhr wurde das Stonewall Inn von einer Polizeirazzia gestürmt. Stormé DeLarverie hatte zu diesem Zeitpunkt die Nase so voll, dass sie sich weigerte, die Bar zu verlassen, was andere dazu inspirierte, es ihr gleichzutun. Die Polizei wusste, dass sie in der Unterzahl war, also schickte sie die Leute nach Hause. Doch anstatt zu gehen, versammelte sich eine immer größere Menge vor dem Lokal. Einer der Beamten versuchte Stormé nach draußen in einen wartenden Polizeiwagen zu zerren und schlug ihr mit seinem Schlagstock auf den Kopf. Stormé schlug ihm daraufhin ins Gesicht, drehte sich zu den Schaulustigen vor der Tür um und schrie: »Wieso tut ihr nichts?!«

Es war nicht das erste Mal, dass sich die Community gegen Polizeiwillkür auflehnte, insbesondere in den USA. Beispielsweise hatten sich schon 1959 Schwule, Lesben, Bisexuelle, Dragqueens und trans* Männer und -Frauen mit Polizisten beim Cooper Do-nuts einen Kampf geliefert, einem queeren 24-Stunden-Café in L.A., dessen Gäste oft von der Polizei schikaniert wurden. Als die Polizei erneut eintraf, um Leute aus homophoben Motiven zu verhaften, hatten die Gäste genug und rächten sich, indem sie sie mit Kaffeebechern und Donuts bewarfen.

Queere Aktivist:innen hatten bereits jahrelang protestiert. Doch der später als »Stonewall Riots« bekannte Aufstand war anders. Es war mehr ein Wendepunkt denn ein Anfangspunkt, und die Polizei und ihr Ruf nahmen mehr Schaden als die Community. Die queeren Gäste schossen mit Fäusten und Molotowcocktails zurück, statt mit Kaffeebechern und Donuts, doch vor allem erreichten sie, dass die Polizei bis ins Mark erschüttert war.

Marsha P. Johnson und Sylvia Rivera waren ebenfalls in jener Nacht bei dem Aufstand dabei, auch wenn es widersprüchliche Aussagen dazu gibt, welche Rolle sie gespielt haben. Marsha und Sylvia identifizierten sich als Dragqueens sowie als trans* Aktivistinnen und engagierten sich später stark in der Gay Liberation Front und bei den ersten Christopher-Street-Prides, die ein Jahr später am Jahrestag der Unruhen erstmalig stattfanden. Sie waren auch Mitbegründerinnen der Organisation Street Transvestite Action Revolutionaries (STAR), die eine Unterkunft für obdachlose Queers und trans* Straßenkinder einrichtete.

Doch obwohl Stonewall die Community enger zusammengebracht hatte, agierte sie noch immer nach einer spalterischen Philosophie, nach der Dragqueens und trans* Aktivist:innen ganz unten auf der sozialen Leiter standen. Deshalb bekamen Marsha und Sylvia keine

Hilfe und waren gezwungen, die Miete für die Unterkunft mit dem Geld zu bezahlen, das sie durch Sexarbeit verdienten.

Das Schwulen- und Lesben-Komitee der Parade entschied auch, Dragqueens von ihren Märschen und Paraden auszuschließen, weil sie angeblich dem Ruf der Community schaden würden. Hmm, wo haben wir das schon mal gehört? Marsha und Sylvia ignorierten sie einfach und liefen bei der nächsten Parade trotzig an der Spitze.

1992 wurde Marsha P. Johnsons Leiche im Hudson River gefunden. Ihr Tod wurde zunächst als Suizid eingestuft, trotz der rätselhaften Kopfwunde und einiger Zeug:innen, die aussagten, sie hätten gesehen, wie Marsha an jenem Tag von Straßengangstern angepöbelt wurde. Sylvia Rivera weigerte sich zu glauben, dass Marsha vorsätzlich ins Wasser gegangen war, da sie einen Pakt geschlossen hatten, gemeinsam aus dem Leben zu scheiden, wenn es so weit war.

Stormé DeLarverie war weiterhin eine bekannte Persönlichkeit in der Szene und arbeitete seit den 1980er Jahren als Türsteherin für verschiedene Lesbenbars in New York. Außerdem patrouillierte sie ehrenamtlich als Sicherheitswache bewaffnet durch die Straßen Manhattans und bezeichnete sich selbst als »die Wächterin über die Lesben der Gegend«, wie eine echte queere Superheldin. Stormé blieb bis ins hohe Alter Türsteherin, bis sie 2014 schließlich mit fünfundachtzig Jahren starb.

2015 kam der Film *Stonewall* heraus. Die Produzenten konzentrierten sich darin auf eine Gruppe fiktionaler, vorwiegend *weißer* schwuler junger Männer als Hauptfiguren. Die Schwarze Butch Stormé DeLarverie fehlt gänzlich und wird durch eine *weiße,* verheiratete, verkappte Lesbe ersetzt, die erst nach einer Stunde erstmals im Film auftaucht. Die Rolle der Schwarzen Dragqueen und Transaktivistin Marsha P. Johnson wird verkürzt dargestellt, und die puertoricanisch-venezolanisch-nordamerikanische Sylvia Rivera kommt gar nicht vor. Wie man sieht: Nicht nur werden queere Menschen aus der heterosexuellen Geschichte verdrängt, sondern sogar auch aus der queeren Geschichte.

Hollywood hasst Lesben

Das ist nichts Neues. Ein Beispiel dafür ist der Hollywood-Film *Infam* mit Audrey Hepburn und Shirley MacLaine aus dem Jahr 1961. Der Film basiert lose auf der wahren Geschichte der schottischen Lehrerinnen Miss Woods und Miss Pirie, die ein kleines Internat führten und 1810 wegen eines angeblichen sexuellen Verhältnisses angeklagt wurden. Zwei ihrer Schülerinnen hatten sie an die Behörden verpetzt und behaupteten gesehen zu haben, wie Miss Woods und Miss Pirie miteinander ins Bett stiegen. Die Schülerinnen behaupteten, das Bett habe gebebt, und man habe das allzu bekannte »feuchte Geräusch« und »Oh ja, Liebling«-Schreie und »Ein Stückchen weiter unten« gehört.

Die beiden Lehrerinnen verloren daraufhin ihre Privatschule und wurden aus der Gemeinschaft ausgestoßen. Der Film folgt dieser realen Vorlage, und obwohl es definitiv einen lesbischen Subtext gibt, wird Audrey Hepburn ein »richtiger« Verlobter an die Seite gestellt und eine lesbische Neigung verurteilt, so im Sinne von: So etwas darf nie, nie, nie, nie, niemals passieren, und schau dir an, was alles Schlimmes passiert, wenn du diesen Lebensweg einschlägst.

Oder nehmen wir Sally Miller Gearhart, deren Leben und Werk im Hollywood-Film *Milk* (2008) völlig ausradiert wurde. Diese Frau war die erste geoutete Lesbe, die eine Professur an der San Francisco State University innehatte. Diese Frau richtete einen der ersten Studiengänge zur Frauen- und Genderforschung in den USA mit ein. Diese Frau machte 1978 Schlagzeilen, als sie dabei half, den kalifornischen Politiker John Briggs davon abzuhalten, homosexuelle Lehrer:innen aus dem Schuldienst zu entlassen.

Sally und ihr Freund Harvey Milk (der erste offen schwule Politiker in den USA) forderten Briggs zu einer TV-Debatte heraus, die Briggs annahm, da er sich sicher war, zwei hochintelligenten queeren Leuten in einer Angelegenheit überlegen zu sein, die ihn nicht betraf. Ach ja, die Selbstgewissheit von Hetero-Männern …

Briggs argumentierte: »Wir können Kindesmissbrauch nicht gänzlich verhindern, aber wir können das Risiko vermindern, indem wir die homosexuellen [Lehrer:innen] rausnehmen und die heterosexuellen drin behalten.«

Sally entgegnete: »Wozu Homosexuelle herausnehmen, wenn es ganz überwiegend heterosexuelle Männer sind, die Kinder belästigen?«

Briggs antwortete: »Nun, das halte ich für einen Mythos.«

Sally daraufhin: »Senator Briggs, das FBI, der National Council on Family Relations, das Santa Clara County Child Abuse and Sexual Treatment Center und so weiter und so weiter [kommen in ihren Berichten zu diesem Ergebnis].«

Als diese Debatte im Film nachgestellt wurde, war Sally plötzlich inexistent. Und obwohl es Videoaufnahmen gibt, die belegen, dass Sally gelebt hat und eine Lesbe war, die sich in der Öffentlichkeit tatsächlich zu Wort gemeldet hat, wurden ihre Äußerungen einfach ungeniert aus dem Film gestrichen und stattdessen Harvey in den Mund gelegt. Selbst *Videoaufnahmen in Ton und Bild* reichen anscheinend nicht als Beweis aus, unseren Beitrag auf dieser Welt zu dokumentieren.

GEFÄHRLICHER *WEISSER* FEMINISMUS

Bis Ende der 1970er Jahre war der politische Lesbianismus zu einem legitimen Akt des Widerstands geworden, und alle möglichen Arten von queeren Frauen überall auf der Welt kämpften um ihren Platz in einer heteronormativen Welt. Es fühlte sich an wie ein Wendepunkt. Die dritte Welle der Frauenbewegung brach an.

Ein solcher Platz war das Combahee River Collective, eine US-amerikanische Organisation, die sich für die Rechte von Schwarzen Frauen und Schwarzen Lesben einsetzte. Die von Barbara Smith gegründete Gruppierung wurde zu Ehren von Harriet Tubman nach dem Combahee River in South Carolina benannt, wo Harriet 1863 eine Kampagne zur Befreiung von mehr als 750 versklavten Menschen angeführt hatte. Für Barbara war Harriet ein Vorbild für kollektive Befreiungsaktionen Schwarzer Frauen. Für viele andere dagegen existierte

Harriet überhaupt nicht, da sie weder eine der vielen Frauen von Heinrich VIII. noch Florence Nightingale oder Mutter Teresa war.

Barbara war auch Dozentin und unterrichtete am Emerson College einen der ersten Universitätskurse in den USA, der sich ausschließlich mit Schwarzen Autorinnen beschäftigte. Da Frauen, vor allem aber Schwarze Frauen in der Geschichte der Literatur unterrepräsentiert und viele ihrer Bücher vergriffen und nicht mehr erhältlich waren, mangelte es an Material, so dass Barbara die Mitglieder des Combahee River Collective aufrief, Schriften (sowie eigene Texte) mit Bezug zu Schwarzem Feminismus zu ihren wöchentlichen Sitzungen mitzubringen.

Eines Tages, nicht lange nach der Gründung des Combahee River Collective, telefonierte Barbara mit ihrer Freundin Audre Lorde. Audre war ein führendes Mitglied des Kollektivs und trug regelmäßig eigene Texte bei. Sie war gleichzeitig auch eine wichtige Figur der Schwarzen Frauenbewegung und hielt 1979 bei einer Konferenz an der New York University ihre berühmte Rede mit dem Titel »The Master's Tools Will Never Dismantle the Master's House«, in der sie die zweite Welle der Frauenbewegung dafür verurteilte, wie die meisten zweiten Musikalben zu sein: scheiße.

Bei ihrem Telefongespräch kamen Barbara und Audre

erneut auf den Mangel an Literatur rund um Schwarze Frauen und Women of Color zu sprechen.

Audre: »Wir müssen in der Verlagswelt echt etwas ändern.«

Barbara: »Was genau hast du vor?«

Audre: »Wir müssen unseren eigenen Verlag gründen.«

Barbara: »Ja! Dann können wir endlich selbst bestimmen, was wir veröffentlichen, mit welcher Botschaft, und wie wir es angehen.«

Audre: »Ja, denn *weiße* Frauen ignorieren völlig, dass sie als *Weiße* von vornherein privilegiert sind, und definieren Frauen nur entsprechend ihrer eigenen Erfahrungswelten, so dass Women of Color zu ›anderen‹ werden, zu Außenseiterinnen, deren Erfahrungen und Traditionen angeblich zu ›fremd‹ und schwer verständlich seien.«

Barbara: »Wie wäre es, wenn wir den Verlag ›Kitchen Table: Women of Color Press‹ nennen? Die Küche ist das Herz eines jeden Zuhauses, wo Frauen arbeiten und miteinander reden.«

Audre: »Das ist perfekt!«

Barbara und Audre rekrutierten daraufhin weitere Frauen für ihre Verlagsgründung, etwa die Chicana-Lesben Cherríe Moraga und Gloria Anzaldúa. Cherríe und Gloria gehörten zu den ersten, die offen über intersektionalen Feminismus an der Schnittstelle von Gender, Sexualität und Ethnie in der Chicana-Kultur der in den USA lebenden Mexikaner:innen sprachen. Sie waren auch die Herausgeberinnen der 1981 erschienenen Anthologie »This Bridge Called My Back: Writings by Radical Women of Color«, die zwei Jahre später noch einmal bei Kitchen Table herauskam. Das Buch beschäftigt sich mit den Erfahrungen von Women of Color und kritisiert *weiße* Feministinnen und die Attitüde »Wir stehen alle zusammen, aber konzentrieren wir uns erst mal auf *weiße* Hetero-Frauen der Mittelschicht«. Die Beiträge in der Anthologie stammten unter anderem von Barbara Smith und Audre Lorde sowie anderen queeren Autorinnen of Color wie Merle Woo, Cheryl L. Clarke, Doris Davenport, Pat Parker und der Mitbegründerin der Gay American Indians, Barbara May Cameron. Schlagt all diese Namen nach, sofort, na macht schon.

In dem Essay »Speaking in Tongues: A Letter to Third World Women Writers« hob Gloria Anzaldúa hervor, wie wichtig es insbesondere für Frauen aus Entwicklungsländern ist, zu schreiben. Der Essay untersucht auch die Verbindung zwischen Sprache und Identität, ein Thema, dem sich die bilinguale Gloria oft widmete. Aus irgendeinem merkwürdigen Grund mochte es Gloria gar nicht, dass Leute gezwungen werden, ihre Muttersprache aufzugeben, um sich an die Gesellschaft anzupassen. Um sich dem System zu widersetzen, mischte sie in ihrem Schreiben oft verschiedene Dialekte des Englischen und Spanischen und nannte das »linguistischen Terrorismus«. Ach, ich wünschte, ich hätte diesen Begriff erfunden! Allerdings beherrsche ich wie die meisten englischsprachigen Muttersprachler:innen nur eine Sprache.

Jedenfalls hieß das, dass es für nicht zweisprachige Leute schwierig war, Glorias Texte zu verstehen, also gaben sie sich entweder gar nicht erst die Mühe oder behaupteten, sie sei eine schlechte Autorin, womit sie Glorias implizite Aussage vollauf bestätigten. Diese Leute waren *weiß*.

Währenddessen hatte Audre Lordes gute Freundin – Adrienne Rich gerade »Compulsory Heterosexuality and Lesbian Existence« veröffentlicht (1980 in der Fachzeitschrift *Signs*). Der Essay vertrat die Annahme, Heterosexualität sei eine obligatorische politische Institution und gelte nur deshalb als »normal«, weil es dem Patriarchat diene. Da hat Adrienne absolut recht!

Laut ihr war hetero zu sein das Resultat einer aufgezwungenen Hetero-Kultur, etwa durch Hetero-Filme, Hetero-Werbung und Hetero-Literatur. Also auch all die abstrusen Dinge, auf die Heteros besonders stehen, wie Gender-Reveal-Partys, Bootsschuhe, »Live, Laugh,

Love«-Sinnsprüche, Pandora-Armbänder, Disney World, vierminütige Sprachnachrichten senden und davon ausgehen, dass sich das irgendwer bis zu Ende anhört, Boho-Kleider tragen und online Fotos ihrer Kinder mit verborgenem Gesicht teilen, nur um ihren Follower:innen mitzuteilen, wenn sie Fotos *mit* den Gesichtern wollten, müssten sie ihnen eine private Nachricht schreiben, als seien ihre Kinder verfluchte Filmstars. Insofern ja, es ist nicht mal ihre Schuld, das Patriarchat hat sie dazu gebracht, sich wie Vollidioten aufzuführen.

Adrienne hob auch hervor, wie Lesben in der feministischen Wissenschaftsliteratur konsequent übergangen wurden und welche Auswirkungen das sowohl in historischer als auch politischer Hinsicht auf den Lesbianismus hatte. Sie war der Überzeugung: »Die Zerstörung von Aufzeichnungen, Erinnerungsstücken und Briefen, die die Realitäten lesbischen Lebens dokumentierten, müssen sehr ernst genommen werden als Versuch, Frauen weiterhin in die obligatorische Heterosexualität zu zwingen, denn das, was uns vorenthalten wurde, verhieß Freude, Sinnlichkeit, Mut und Gemeinschaft sowie Schuld, Selbsttäuschung und Schmerz.«

Lustigerweise wurde genau das zur lesbischen Version von »Live, Laugh, Love« und hängt vermutlich gerade als Wanddeko aus rustikalem Holz in Badezimmern von Lesben weltweit.

Während sich Adrienne Rich und Audre Lorde beide als feministische Lesben verstanden, war ihre Freundschaft oft eine Herausforderung, da sie einen völlig unterschiedlichen ethnischen und ökonomischen Hintergrund und Erfahrungshorizont mitbrachten.

In der einen Minute diskutierten sie über ihren Lieblingssong von Joan Armatrading und in der nächsten zofften sie sich über Audres Probleme mit *weißem* Feminismus und Adriennes Unfähigkeit, das nachzuvollziehen. Obwohl sich Adrienne Mühe gab, konnte sie es nicht verstehen, da … naja, sie nun mal nicht Schwarz war. Außerdem war es auch nicht Audres Aufgabe, sie aufzuklären.

Nomen est omen

Die Integration von Lesbianismus, Race, Feminismus und Politik spielte nicht nur in den USA eine große Rolle. In Mexiko hatten Yan María Yaoyólotl Castro, Cristina Valencia und Luz María Medina ihre ganz eigenen Probleme, nämlich, dass es keine mexikanischen marxistisch-feministischen Lesbengruppen gab. Um das zu ändern, gründeten sie 1977 selbst eine mexikanische marxistisch-feministische Lesbengruppe und nannten sie LESBOS – wozu zweideutig sein?

Yan María, Cristina und Luz organisierten Treffen in

mehreren lesbischen Bars, um Mitglieder anzuwerben. Leider verlief es nicht ganz nach Plan, da sich schnell herausstellte, dass die Treffen voll von ausgehungerten Lesben waren, die kamen, um mit Frauen zu flirten und nicht, um über lesbischen Feminismus zu diskutieren.

Traurigerweise wurde LESBOS schließlich aufgelöst, so dass Yan María Yaoyólotl Castro und Luz María Medina daraufhin 1978 OIKABETH gründeten – wozu eindeutig sein? Die Organisation war nach dem Maya-Gebet »Olin Ikispan Kathuntah Bebezah Thoth« (Bewegung von Kriegerinnen, die Wege eröffnen und Blumen streuen) benannt und veranstaltete eine der ersten Gay-Pride-Paraden in Mexiko. Die Pride war ein voller Erfolg und findet seither jedes Jahr statt.

In Kolumbien brachten tatiana de la tierra und ihre Mitstreiterinnen 1991 eines der ersten internationalen Latina-Lesbenmagazine der Welt heraus. tatiana wollte Latina-Lesben durchs Schreiben empowern und ermutigte sie, gesellschaftliche Normen infrage zu stellen. Beispielsweise nimmt sie in ihrem Gedicht »Ode an unansehnliche Lesben« heteronormative gesellschaftliche Vorstellungen von Schön und Hässlich aufs Korn.

ODE AN UNANSEHNLICHE LESBEN

ich liebe eine hässliche Lesbe
eine, die humpelt
die lispelt
ihre Zahnprothese nachts am Waschbecken im Bad
stehen lässt
Polyesterhosen und billiges Männerparfüm trägt
einen Bart hat, so lang, dass sie drauftritt
Warzen auf den Zehen hat, auf allen zwölf
einen Spucknapf in der Brusttasche bei sich trägt
über Kirchenleute amüsiert kichert

tatiana wollte auch nicht-heterosexuelles Lehrmaterial in den Schullehrplan integrieren. Sie glaubte, das würde Homophobie vorbeugen und Schüler:innen das Konzept von Identität näherbringen. »Was für eine fabelhafte Idee!«, sagte genau niemand, denn selbst heute findet man kaum queere Inhalte im Lehrstoff.

In Neuseeland war die Feministin Ngahuia Te Awekotuku wütend darüber, dass die Frauenbewegung in ihrem Land es versäumt hatte, sich seit der Einführung des Frauenwahlrechts 1893 wesentlich weiterzuentwickeln. Um ihren Unmut zu äußern, inszenierte Ngahuia zusammen mit anderen Feministinnen 1971 eine Beerdigung.

Ein Jahr später, 1972, kam die schlechteste Feministin der Welt, die australische Autorin Germaine Greer, für eine Lesereise nach Neuseeland. Ngahuia, genervt davon, dass Germaine Greer ständig Māori-Frauen, Lesben, Māori-Lesben usw. überging, fuhr zum Flughafen, um sie dort als Hexe verkleidet zu empfangen (Ich liebe diese Frau.)

Ihre Aktionen waren ein Erfolg und führten zur Gründung verschiedener anderer feministischer Kollektive im Land. Zuerst waren diese Gruppen voller Frauen mit verschiedenen Hintergründen und Kulturen. Aber dann fanden einige Frauen, ihr spezieller Kampf sei relevanter als der von anderen, und so gingen sie alle letztlich doch wieder ihrer eigenen Wege.

Ngahuia beschloss, sich künftig mehr auf Māori-Lesben, Māori-Feminismus und spezifische Fragen wie die Landrechte und die Kultur der Māori zu konzentrieren. Sie gab Interviews und sprach offen und unumwunden über ihr Lesbischsein. Sie schrieb auch Kurzgeschichten über Māori-Lesben in der Māori-Gesellschaft. Bei einem ihrer Proteste schoss ein Mann auf sie, weil er es nicht ertragen konnte, dass sie eine Frau war, noch dazu eine Māori-Frau und eine Māori-Lesbe. Konservative Feministinnen mochten sie ebenfalls nicht, da sie glaubten, sie hätte die Frauenbewegung um fünfzig Jahre zurückgeworfen, anstatt sie voranzubringen. Ngahuia war das egal, und sie beschloss, in die USA zu reisen, um dort Vorträge über Māori-Frauen und ihre Sexualität zu halten. Allerdings wurde ihr das Visum verwehrt, weil sie eine Māori-Lesbe war. Oh Mann, echt jetzt?

Aber während Lesben allmählich ihren Platz in der Welt erstritten, kämpften andere Mitglieder der Community gegen ihr Verschwinden. Junge gesunde Schwule verwandelten sich innerhalb von Wochen von kraftstrotzenden Kerlen in wandelnde Leichen. Und niemand wusste warum.

»Aids: Eine Epidemie, die erst beginnt. Die Homosexuellen-Seuche hat Europa erreicht.«

DER SPIEGEL, 1983

HIV und AIDS traten »offiziell« im Vereinigten Königreich erstmals 1982 auf, als der beliebte Barmanager Terrence Higgins an AIDS verstarb. Terrence' Tod wurde jedoch nicht zu dem Warnschuss, der er hätte sein sollen, da sich die britische Regierung weigerte anzuerkennen, dass ein neues Virus im Umlauf war. Erst fünf Jahre nach seinem Tod startete die Regierung endlich eine Aufklärungskampagne. Zu diesem Zeitpunkt hatte sich AIDS bereits zu einer Epidemie entwickelt und viele Menschen starben, da ihnen nicht klar war, dass das Virus unter anderem beim Sex übertragen wurde.

Tatsächlich versuchte die britische Premierministerin Margaret Thatcher, die öffentlichen Gesundheitswarnungen und die Werbung für Safer Sex aufzuhalten, da sie fürchtete, es würde neugierige Jugendliche dazu verleiten, miteinander zu poppen. Stattdessen führte dieser Mangel an lebensrettenden Infos dazu, dass Tausende schwuler Männer starben. Thatcher ist eine dieser Personen, die im öffentlichen Nahverkehr ihre Handtasche auf dem Sitz neben sich abstellen. Sie ist wie ein fieser Kopfschmerz, der zwei Tage lang anhält und einfach nicht weggehen will. Die Art von Mensch, die sauer ist, wenn man andeutet, Elsa aus *Frozen* könne lesbisch sein, aber gleichzeitig mitfiebert, wenn sich in einem Film eine Romanze zwischen einem jungen Mädchen und einem Biest anbahnt, mit sprechenden Uhren und Kerzen als Wingmen. Mit Thatchers Schandtaten könnte man ganze Bücher füllen. Aber da dies ein Buch über erzwungene Heteronormativität und Straightwashing von Lesben ist, werde ich mich hier auf Thatchers Rolle in dieser Hinsicht beschränken.

Thatcher war verantwortlich für die 1988 verabschiedete berüchtigte Section 28, eine Klausel, die die »Förderung von Homosexualität« durch lokale Einrichtungen verbot. Zu diesen Einrichtungen gehörten Schulen, die ihren Schüler:innen nicht mehr zeigen durften, welche verschiedenen Familienmodelle es gibt. Die Begründung dafür? Bühne frei, Thatch: »Kinder, die lernen sollen, traditionelle moralische Werte zu respektieren, lernen stattdessen, dass sie ein unveräußerliches Recht darauf haben, homosexuell zu sein. All diese Kinder werden um einen guten Start ins Leben gebracht.«

»Ich habe das unveräußerliche Recht, homosexuell zu sein« wäre ein super Motiv für eine Kreuzstichstickerei.

In den USA verweigerte sich die Reagan-Regierung trotz eines 1981 vorgelegten Expertenberichts ebenfalls einer offenen Diskussion über AIDS und blockierte sogar Gelder für die medizinische Forschung, da es sich offenkundig nicht lohnte, Schwulen das Leben zu retten. Präsident Ronald Reagan brauchte ganze sechs Jahre, um das Wort »AIDS« überhaupt in der Öffentlichkeit in den Mund zu nehmen – inzwischen waren landesweit rund fünftausend Menschen gestorben.

Ronalds Ehefrau Nancy war genauso scheiße, denn als 1985 ihr Freund, der Hollywood-Filmstar Rock Hudson sie todkrank per Telegramm bat, ihm eine neue experimentelle Behandlungsmethode zu ermöglichen, verweigerte sie seine Bitte mit der Begründung, sie müsse fair sein und dürfe Freund:innen nicht bevorzugen. Offenbar hatte sie vergessen, dass sie ihren nicht-erkrankten *weißen* Hetero-Freund:innen aus Hollywood zuvor jahrelang kostspielige Behandlungen durch ihr privates Ärzteteam bereitgestellt hatte. Neun Wochen nach seinem Schreiben an Nancy starb Rock an AIDS.

Der nachfolgende Präsident George H. W. Bush Senior war ebenfalls ein Arschloch. In einer Debatte während seiner Präsidentschaftskampagne sagte er 1992: »Das ist eine der wenigen Krankheiten, bei denen es auf das eigene Verhalten ankommt. Einmal habe ich jemandem gesagt: ›Tja, dann tu etwas dagegen! Wenn dein Verhalten eine AIDS-Erkrankung begünstigt, dann musst du eben dein Verhalten ändern!‹«

Mit anderen Worten: Könnten *bitte* mal alle aufhören, schwul zu sein?!

Während der Epidemie taten die Medien (insbesondere in Großbritannien) alles dafür, schwulen Männern die Schuld zu geben, indem sie ihnen promiskuitives und unmoralisches Verhalten vorhielten. Sie packten ihre Titelblätter voll mit dem Akronym GRID (Gay Related Immune Deficiency, »Schwulenbedingte Immuschwäche«) und druckten Schlagzeilen wie: »Großbritannien von Schwulenpest bedroht«. In einer Zeitung wurde sogar ein Pfarrer zitiert mit den Worten: »Ich würde meinen Sohn erschießen, wenn er AIDS hätte«, gefolgt von dem charmanten Untertitel: »Er würde auch den Rest der Familie abknallen.« Der Artikel wurde begleitet vom Schwarz-Weiß-Foto eines Mannes (des Pfarrers), der mit einer Flinte auf einen jungen Mann (seinen 18-jährigen Sohn) zielt. Eigentlich hätte ich von einem Geistlichen mehr Verständnis erwartet. Aber das Thema haben wir ja schon abgehakt.

Die Berichterstattung zu jener Zeit war wirklich furchtbar, insbesondere in Großbritannien. Die Medien haben wissentlich und gezielt Homophobie geschürt und ein Bild von der Community als Sündenpfuhl aus Laster und Krankheit gezeichnet. Was für ein Glück, dass britische Medien heute nicht mehr so sind …

Die lesbischen Blutsschwestern

Vor der AIDS-Epidemie hatten Schwule und Lesben oft Auseinandersetzungen aufgrund ihrer politischen und sozialen Differenzen. Viele Lesben verübelten es Schwulen, dass immer nur sie als »Gesichter« der Community wahrgenommen wurden und hielten sie für sexsüchtige Kokser, die in Tanktops umherzogen und genauso schwanzgesteuert waren wie Hetero-Männer. Diese Antipathie beruhte auf Gegenseitigkeit, und es gab regelmäßig »Fisch«-Rufe, sobald eine Lesbe eine Schwulenbar betrat. Eigentlich ist das gar nicht so lustig, aber die Vorstellung, jemand würde »Fisch« rufen, sobald ich einen Fuß in eine Schwulenbar setze, bringt mich trotzdem zum Lachen.

Doch alles änderte sich, als AIDS über die Welt hereinbrach. Lesben meldeten sich freiwillig, um Schwulen beizustehen, die völlig allein in ihren Krankenhausbetten dahinvegetierten. Entsetzt beobachteten sie, wie Hunderte und Aberhunderte junger Männer mit ersten Symptomen ins Krankenhaus kamen, nur um dort eine Krankheit diagnostiziert zu bekommen, von der sie noch nie gehört hatten, und anschließend wieder weggeschickt zu werden. Ein paar Monate später kehrten sie dann zum Sterben ins Krankenhaus zurück – oder um als menschliche Versuchskaninchen herzuhalten.

Die Lage wurde noch dramatischer durch einen Mangel an Blutkonserven, da schwule Männer seit 1983 wegen der AIDS-Epidemie kein Blut mehr spenden durften – übrigens galt diese diskriminierende Praxis noch sehr lange, in Deutschland wurden erst 2023 die Einschränkungen für queere Männer gelockert. Aber auch hier traten die Lesben auf den Plan und boten sich freiwillig an. Eine dieser Lesben war Barbara Vick[9], die einen Deal mit einer privaten Blutbank in San Diego schloss, damit man selbst aussuchen konnte, an wen die Blut-

9 Wie viele lesbische Barbaras gibt es eigentlich noch?

spenden gehen sollten. Die San Diego Blood Sisters machten sich daraufhin ans Werk und organisierten in den nächsten Jahren etliche Blutspendeaktionen. Barbara wusste, obwohl Lesben vorwiegend nicht von der Krankheit betroffen waren, mussten sie etwas gegen das Leiden tun. Es gab keine Spaltung mehr zwischen Schwulen und Lesben; sie begriffen es vielmehr als Angriff auf ihre gemeinsame Community.

Doch nicht nur Lesben wurden aktiv. Verschiedene Gruppen innerhalb der Community organisierten Treffen, um über die Epidemie zu diskutieren: Menschen mit unterschiedlichsten Ethnien, sexuellen Orientierungen und Gender-Identitäten; dies war nicht der Zeitpunkt für Animositäten, für Separatismus, für eine politische Agenda – alle leisteten nun ihren Beitrag.

Bis heute hat sich niemand bei der LGBTQIA+-Community für das eklatante Versagen in jener Zeit entschuldigt. 2016 lobte Hillary Clinton die Reagans sogar für ihren Umgang mit der AIDS-Epidemie mit den Worten: »Wir haben es Präsident Ronald Reagan und seiner Frau zu verdanken, insbesondere aber Mrs. Reagan, dass unser Land endlich anfing, über eine Krankheit zu sprechen, über die zuvor niemand reden, gegen die niemand etwas tun wollte.«

Nicht nur ist das eine dicke, fette Lüge, sondern damit

hat sie auch all die Tausenden und Abertausenden von Aktivist:innen übergangen, die tatsächlich darüber redeten, als es noch ein Tabu war und niemand etwas dagegen unternahm. Hör mal, Hillary, ich mag dich, ehrlich. Du hättest Präsidentin werden sollen. Aber bitte erspar uns diesen Bullshit!

ABER INZWISCHEN IST DOCH ALLES OK, ODER?

Der legendäre Essay *Ein Zimmer für sich allein,* in dem Virginia Woolf unter anderem die einseitige Darstellung von Frauenfiguren in der Literatur beklagt, brachte die lesbische Cartoon-Zeichnerin und Autorin Alison Bechdel 1985 auf die Idee für ein Experiment. Anhand der Frage »Woran lässt sich festmachen, dass Frauen in Film und Fernsehen nicht bloß stereotyp dargestellt werden?« entwickelte sie drei Regeln, die heute als Bechdel-Test bekannt sind:

1. Es kommen mindestens zwei namentlich genannte Frauen vor.
2. Die betreffenden Frauen reden miteinander.
3. Die betreffenden Frauen reden über etwas anderes als Männer.

Klingt simpel, oder? Ist es aber offenbar nicht. Der Anteil an Filmen und Serien, der diesem Mindestanspruch genügt, *war* und *ist* erschreckend niedrig. Ganz schön verrückt bei der Unmenge an Filmen auf dieser Welt, oder?

Aber natürlich konnte der Bechdel-Test nur auf heteronormative Narrative mit heterosexuellen Frauen angewendet werden, stimmt's? Ein Film oder eine TV-Serie über Lesben wäre schließlich nur über Lesben, und Lesben reden nicht über Männer, richtig? Falsch. Filme wie *Chasing Amy* (1997) fielen durch den Bechdel-Test, weil sich darin alles darum drehte, dass ein Hetero-Typ eine Lesbe konvertiert, während der Film *Kissing Jessica* (2001) dem Publikum vermittelte, lesbisch zu sein sei nur eine Phase, da die Hauptfigur am Ende mit einem Typen zusammenkommt.

In der beliebten Sitcom *Friends* (1994–2004) bekamen wir die erste, wenn auch illegale, lesbische Hochzeit der TV-Geschichte zu sehen. Während nicht gezeigt wurde, wie sich die beiden Bräute küssen, konnten wir zusehen, wie unwohl sich Ross während der Trauung fühlt, womit die Serie (und nicht nur an dieser Stelle, muss man sagen) den Bechdel-Test ebenfalls nicht besteht. Und in der Anwaltsserie *L.A. Law* (1986–1994), die übrigens stolz verkündet hatte, als erste US-amerikanische Serie einen Kuss zwischen zwei Frauen zu zeigen, ließen die Drehbuchautor:innen die beiden Frauen am Ende feststellen, dass sie doch auf Männer stehen, woraufhin sie beste Freundinnen werden.

Oder nehmen wir nur die britische Fernsehserie *Brookside* (1982–2003), die 1994 Schlagzeilen machte, indem sie den ersten lesbischen Kuss im britischen Fernsehen vor 21 Uhr zeigte. Viele Leute beschwerten sich, weil es viel zu früh war, um Lesben beim Knutschen zuzugucken, vor allem um die Weihnachtszeit.

Wenig überraschend kommen die beiden Frauen nach dem Kuss nicht zusammen, vor allem, weil eine von ihnen ihren Vater unter der Terrasse verscharrt hatte, aber auch weil, naja, Lesben nie ein Happy End kriegen. Und ja, der Fernsehkuss mag damals revolutionär gewesen sein, aber in Wirklichkeit signalisierte er verkappten Lesben eines: Sobald du eine Frau küsst, kriegst du Schwierigkeiten und stirbst vermutlich.

Regenbogenkapitalismus

Während sich die Sichtbarkeit von Lesben auf einem Allzeithoch befand, geschah dies nicht unbedingt aus den richtigen Gründen. Denn die 1990er Jahre brachten eine neue Form von Homophobie hervor, die darin bestand, Lesben auszubeuten, anstatt sie zu verbrennen, zu ertränken oder so zu tun, als existierten sie nicht. Die Antwort auf die Frage, was davon besser ist, bleibt jeder:m selbst überlassen. Versteht mich nicht falsch – es war super, dass Lesben sich nicht mehr verstecken mussten; aber aus irgendeinem Grund ging damit einher, dass heterosexuelle Frauen bald schon in queere Räume eindrangen mit ihren echt nervtötenden Junggesellinnenabschieden, After-Work-Drinks und Mädelsabenden, bei denen sie über ihre »Girl Crushes« kicherten und sich betrunken gegenseitig die Zungen in den Hals steckten, in der Hoffnung, ein paar Typen könnten zuschauen.

Werbeleute bekamen zudem spitz, dass (männliche) queere Paare das doppelte Einkommen und keine kostspieligen Kinder hatten. Klar, es gab auch lesbische Paare, aber was sollten die schon kaufen außer Wanderschuhen und Fleeceshirts? Außerdem ging man davon aus, dass sie bestimmt keine Maniküre brauchen, sich die Haare selbst schneiden und kein Make-up tragen.

Der neu geprägte Begriff »Pink Pound« für die Kaufkraft von Homosexuellen bezog sich nur auf schwule Männer. Nachdem die Medien sie ein Jahrzehnt lang als ansteckenden Abschaum porträtiert hatten, beschlossen sie plötzlich, dass Schwule eigentlich doch okay waren. Man umgarnte sie, druckte Regenbogenflaggen auf alkoholische Getränke und bewarb Uhren mit sexy Typen in der Hoffnung, dass schwule Männer sie kaufen würden.

Der Begriff »gay-freundlich« wurde zum neuesten Buzzword. Gay-freundlich? Als Gegensatz zu was? Gayhassend? Wie kann das ein allgemein akzeptierter Ausdruck sein? Gay-freundlich bezog sich jedenfalls nicht auf Lesben, die als suizidale Langweilerinnen mit Kurzhaarfrisuren, schlechtem Kleidungsgeschmack und Faible für Folk-Musik dargestellt wurden. Zumindest die Lesben im wahren Leben; die Lesben im Fernsehen experimentierten nur ein bisschen rum, um sich hinterher wieder Männern zuzuwenden.

In den USA versuchte die Comedian Ellen DeGeneres das öffentliche Bild von Lesben zu korrigieren, indem sie die Sitcom *Ellen* (1994–1998) schuf, in der die *reale* Ellen eine *Figur* namens Ellen spielt. Beide, sowohl die *reale* Ellen als auch die *fiktive* Ellen gaben sich als Heteros aus, bis die *reale* Ellen sich schließlich outete und sich dachte, vielleicht könnte ihre Fernsehfigur es ihr gleichtun. Ihr wisst schon, um vom »Pink Pound« zu profitieren.

Zuerst fanden es alle toll, dass sich die reale Ellen und die fiktive Ellen geoutet hatten, aber als dem Publikum klar wurde, dass das hieß, die *Figur* Ellen würde auch in den nächsten Folgen lesbisch sein, bekamen sie Panik und beschwerten sich. Der Sender reagierte mit einem Warnhinweis an die Eltern zu Beginn jeder Folge, so nach dem Motto: *Achtung, hier kommen lesbische Inhalte. Wir übernehmen keine Garantie, wenn Ihre Töchter lesbisch werden.* Die Zuschauerquoten gingen zurück, die Show wurde eingestellt und die reale Ellen von der Bildfläche verdrängt. Der Karriereknick dauerte genau drei Jahre. Aber Spoiler-Alarm: Danach feierte sie ein grandioses Comeback.

Im Vereinigten Königreich hingegen wurde die Autorin, Komikerin und Moderatorin Sandi Toksvig 1994 aus einer Charity-Show geschmissen, nachdem sie sich geoutet hatte. Vor allem deshalb, weil die Tochter der Queen, Prinzessin Anne, geladen war und die Organisatoren verhindern wollten, dass Ihre Königliche Hoheit dort auf eine Lesbe traf. Darf ich vielleicht höflichst davon ausgehen, dass Prinzessin Anne weiß, was eine Lesbe ist? Ich meine, sie besitzt ja wohl einen Spiegel. Will ich damit andeuten, dass Prinzessin Anne lesbisch ist? Eventuell. In einer so großen Familie muss irgendwer queer sein, und entweder ist es die Frau, die aussieht wie eine Lesbe, oder der Mann, der aussieht wie ein Schwuler *hüstel* Prinz Edward.

Aus Protest gegen den Rauswurf von Sandi Toksvig besuchten die London Lesbian Avengers (ja, ihr habt richtig gelesen) das Event und beschuldigten die Charity-Organisation, homophob zu sein. Die Organisation entschuldigte sich daraufhin und Sandi Toksvig durfte die Backshow *Great British Bake Off* moderieren. Welchen Kuchen backt eine Lesbe am liebsten? Keinen! Sie vernascht lieber! Aber zurück zu den London Lesbian

Avengers. Diese Gruppe, ein Ableger der New York Lesbian Avengers, hatte zum Ziel, die Sichtbarkeit und Sicherheit von Lesben zu erhöhen. Hier einige ihrer Aktionen:

1. Sie besetzten das Queen-Victoria-Monument nahe dem Buckingham Palace, um zu demonstrieren, dass – entgegen der Aussage der Königin – Lesben sehr wohl existieren.
2. Sie führten eine komplett lesbische Version von *Romeo und Julia* auf, aus Solidarität mit einer Schulleiterin, die von der Presse wüst beschimpft wurde, nachdem sie sich geweigert hatte, ihre Schüler:innen zu Shakespeare-Stücken mitzunehmen, da sie diese zu heterosexuell fand.
3. Sie stürmten die Büros der *Sunday Times* in London und ketteten sich mit Handschellen an den Schreibtisch des Herausgebers, um gegen einen Artikel zu protestieren, der behauptete, die London Lesbian Avengers hassten Männer. *Wie viele Polizist:innen braucht man, um mit Handschellen angekettete Lesben zu entfernen? Offenbar sechzig.*
4. Sie fuhren mit einem offenen Doppelstockbus durch London, um an den siebten Jahrestag der Einführung der Section 28 zu erinnern, und riefen durch ein Megaphon: »Sie da, im braunen

> Mantel, hallo, wir sind Lesben … wir spüren Ihre Homophobie.«

Ich habe die Frage bereits mehrfach gestellt und werde sie wiederholen: Wie kommen die Leute nur darauf, wir wären nicht witzig?

Offenbar war die Section 28 ein echter Aufreger, denn ein paar Jahre zuvor hatte eine andere lesbische Gruppe die BBC-Fernsehstudios während der Sechs-Uhr-Nachrichten gestürmt und gerufen: »Stoppt Section 28!« Die beiden Nachrichtensprecher:innen, die nicht wussten, wie mit wütenden Lesben umgehen, machten – nach bester britischer Manier – einfach ungerührt weiter, während die Aktivistinnen im Hintergrund abgeführt wurden. Stellt euch nur mal vor, eine verkappte Lesbe sieht das live im Fernsehen. Das muss sich doch angefühlt haben wie das lesbische Pendant zur Mondlandung!

In der Musikbranche gestand die Musikerin k. d. lang Anfang der 1990er Jahre der schockierten Welt (und einer überhaupt nicht schockierten lesbischen Welt), dass sie auf Frauen stand. Damit die Leute es kapierten, posierte sie auf dem Cover der *Vanity Fair* in einem Anzug. Damit die Leute es *wirklich* kapierten, saß sie zudem auf einem Barbierstuhl und ließ sich von Supermodel Cindy Crawford das Gesicht rasieren. Ich warte kurz, während ihr googelt.

()

Wir können also festhalten: Lesben waren sichtbar … aber auch nicht. Lesben wurden gemocht … aber auch nicht. Die Botschaften waren so gemischt, dass echte queere Frauen jede Menge Fragen hatten, wie: Was zur Hölle geht denn hier ab?

Es ist jedoch wichtig anzumerken, dass queere Frauen im Westen den Luxus und das Privileg hatten, überhaupt so eine Frage stellen zu können. Queere Frauen in anderen Teilen der Welt hatten vergleichsweise sehr viel drängendere Probleme. 2009 versuchte beispielsweise die ugandische Regierung heimlich ein Anti-Homosexuellen-Gesetz einzuführen, das die Todesstrafe einschloss. Als die Gesetzespläne bekannt wurden, erklärten viele Länder öffentlich, dass sie mit dem Vorgehen Ugandas nicht einverstanden waren, woraufhin das Gesetz glücklicherweise gekippt wurde.

Ein paar Jahre später, im Jahr 2011, wurde die Leiche des ugandischen Queer-Aktivisten David Kato nahe seiner Wohnung aufgefunden. Er war zu Tode geprügelt worden. David war bereits viele Male zuvor Opfer von Homophobie, Diskriminierung und Gewalt geworden und kurz vorher in einer Wochenzeitung aufgetaucht, die die Namen und Gesichter von »Ugandas Top-Homos« veröffentlicht hatte. In demselben Blatt stand auch der Aufruf, ihn sowie die anderen Schwulen und Lesben des Landes aufzuhängen.

Davids gute Freundin, die in Uganda geborene lesbische Aktivistin Naome Ruzindana bemerkte, wie die Community nach Davids Tod schwieg, aus Angst, sie könnte dasselbe Schicksal ereilen. Naome wusste, sie musste ihr Heimatland verlassen und ging zunächst nach Ruanda, dann nach Südafrika, in der Hoffnung, sich dort Gleichgesinnten anschließen zu können.

In Südafrika traf sich Naome mit einer Gruppe schwuler Männer, stellte sich vor und erzählte ihnen von ihrem Interesse an Queer-Politik und Frauen. Die Männer fanden das verdächtig und vermuteten, sie arbeite als Undercover-Agentin für die ugandische Regierung, um homosexuelle Männer aufzuspüren und zu verhaften. Doch dem war nicht so. Stattdessen half sie dabei, die Coalition of African Lesbians (COAL) aufzubauen, und wurde letztlich von der Community akzeptiert. Doch in Afrika war sie nicht sicher. Mehrfach wurde Naome von ihren Vermieter:innen aufgrund ihrer Sexualität rausgeworfen und sie bekam zahlreiche Morddrohungen. Die ugandische Regierung spionierte ihr nach, hörte ihr Telefon ab und hackte sich in ihre Mails. Naome beschloss, Afrika zu verlassen, um nicht ermordet zu werden wie ihr Freund David. Also packte sie ihre Siebensachen, verabschiedete sich von ihrer Familie und zog nach Schweden. Bis heute kämpft Naome tagtäglich für die Rechte von queeren Afrikaner:innen.

Ganz ähnlich geriet in China die Aktivistin Li Tingting in Konflikt mit der Regierung, als sie an ihrer Universität eine lesbische Schulungsgruppe gründete. Diese Gruppe machte wirklich schlimme Sachen wie Studierenden ohne Unterkunft Beratung und Unterstützung anzubieten; und schlimmer noch: Sie half Lesben, sich untereinander anzufreunden und, Gott bewahre, womöglich sogar Beziehungen einzugehen!

Die lesbische Schulungsgruppe wurde schließlich aufgelöst. Doch als jemand, die sich nicht den Mund verbieten lässt, konzentrierte sich Tingting stattdessen auf anderes und startete 2012 eine Aktion, bei der sie gemeinsam mit anderen Aktivistinnen in blutgetränkten Hochzeitskleidern eine stark frequentierte Straße in Beijing hinunterlief. Damit wollten sie gegen häusliche Gewalt demonstrieren, etwas, das sie und ihre Mutter durch ihren Vater am eigenen Leib erfahren hatten.

Eines Abends klopften zwei Polizisten an Tingtings Tür und forderten sie auf, zu öffnen. Zuerst weigerte sie sich, doch als die beiden Beamten drohten, die Tür aufzubrechen, ließ sie sie herein. Während die Polizei ihre

Wohnung durchsuchte, schnappte sich Tingting ihre Ukulele und spielte einen Song, und ihre Freundin sang dazu.

Anschließend wurde Tingting gemeinsam mit vier weiteren Aktivistinnen verhaftet mit der Begründung, Unruhe und Ärger zu stiften. Außerdem wurde ihnen vorgeworfen, einen Protest im öffentlichen Nahverkehr gegen sexuelle Belästigung zu planen, was exakt dem entsprach, was sie vorgehabt hatten. Während ihrer Haft wurden Tingting und ihre feministischen Mitstreiterinnen langen Verhören unterzogen. Sie wurde eine »dreckige Lesbe« und eine »Hure« genannt und irgendwann wurde sie sogar beschuldigt, eine Spionin zu sein. Ich möchte ja nicht die Intelligenz der chinesischen Polizeibehörden anzweifeln, aber eine Spionin würde vermutlich eher unauffällig agieren und nicht in einem blutgetränkten Hochzeitskleid eine Hauptstraße entlanggehen, oder?

Auch nachts wurden die Aktivistinnen von den Polizisten aus dem Schlaf gerissen und gnadenlos verhört, während sie die Fußböden schrubben mussten. Die Frauen weigerten sich jedoch beharrlich zu reden, was die Polizei so sehr aufregte, dass sie versuchte, die Eltern mit Jobangeboten und üppigen Essenseinladungen zu bestechen, in der Hoffnung, sie würden über ihre Töchter auspacken. Die aber hielten dicht.

Nach langen siebenunddreißig Tagen im Arrest wurden die »Feminist Five«, wie sie nun genannt wurden, freigelassen. Da Tingting nun mal Tingting war, beschloss sie nach ihrer Freilassung, ihre Freundin zu heiraten, obwohl dies nach chinesischem Recht illegal war.

Ja! Nein! Ich kann nicht!

Apropos Heiraten. 2001 waren die Niederlande das erste Land, das die gleichgeschlechtliche Ehe erlaubte; es folgten Belgien 2003, Kanada und Spanien 2005, Südafrika 2006, Norwegen und Schweden 2009, Argentinien, Island und Portugal 2010, Dänemark 2012, Brasilien, Uruguay, Neuseeland und Frankreich 2013, England, Wales und Schottland 2014, Luxemburg, USA und Irland 2015, Grönland und Kolumbien 2016, Finnland, Malta und Deutschland 2017, Australien 2018, Österreich, Taiwan und Ecuador 2019 sowie Costa Rica 2020 und die Schweiz 2022. Das mag vielversprechend klingen, aber Stand 2024 ist es nur in 36 (von 195) Ländern erlaubt, als Frau eine andere Frau zu heiraten. Also praktisch nirgends.

Aber es gibt auch eine positive Story. In Indien begegneten sich Geeta (eine misshandelte Ehefrau) und Manju (die örtliche Butch) in einem Internat, das von einer Organisation für die Gleichberechtigung und Ermächtigung von Frauen betrieben wurde. Die beiden kamen ins Gespräch, verstanden sich gut und verliebten sich ineinander.

Geeta so: »Ich weiß nicht, wie mir geschah, aber als ich Manju traf, vergaß ich meinen Mann völlig. Ich vergaß, dass ich verheiratet war. Wir fühlten uns so zueinander hingezogen, dass es sich sofort anfühlte, als seien wir Frau und Mann … Danach waren wir unzertrennlich … Ich wusste, ich könnte meinen Job verlieren. Aber ich wusste auch, dass ich unmöglich aufhören konnte … Es war Magie pur.«

Der Hindu Marriage Act erlaubt eine Lesart, wonach auch gleichgeschlechtliche Ehen möglich sind, und so kam es, dass Geeta und Manju heirateten. Auch wenn die Homo-Ehe in Indien weiterhin offiziell weder legal noch akzeptiert ist, hieß das, dass Geeta und Manju auf diese Weise dennoch ein magisches Happy End bekamen.

Der finale Akt der Heteronormativität …

2012 war die Hongkonger Geschäftsfrau und offen lesbische Gigi Chao enorm beschämt, als ihr Vater (ein vermögender Manager und selbsterklärter Womanizer) öffentlich eine stattliche Belohnung ausschrieb für den

Mann, der sie heiraten würde. Und das, obwohl sie bereits jemandem ihr Heiratsversprechen gegeben hatte … einer Frau. Gigis Vater weigerte sich jedoch, die Beziehung anzuerkennen und suchte weiterhin, koste es, was es wolle, nach potenziellen Heiratskandidaten.

Gigi sah sich daraufhin gezwungen, einen offenen Brief an ihren lieben Herrn Papa zu schreiben: »Es tut mir leid, wenn ich dich auf den irrigen Gedanken gebracht habe, ich sei nur deshalb in einer lesbischen Beziehung, weil es zu wenig gute, geeignete Männer in Hongkong gäbe. Es gibt jede Menge guter Männer, sie sind nur nichts für mich.« An späterer Stelle erklärte sie: »Wenn mein Vater glaubt, es wäre ganz leicht für mich, von homo zu hetero zu wechseln, dann soll er es mir vormachen. Ich werde einen Mann heiraten, wenn er einen Mann heiratet.«

2018 rief Lauren Esposito zusammen mit anderen Aktvist:innen »500 Queer Scientists« ins Leben, eine Sichtbarkeitskampagne für, ihr habt es erraten, queere Wissenschaftler:innen. Lauren, eine der führenden Skorpionexpertinnen weltweit (Frage: Was haben Skorpione und Lesben gemeinsam? Die Leute haben vor beiden eine Heidenangst!), wollte mit dieser Kampagne zeigen, dass Lesben sowohl hochangesehene Wissenschaftlerinnen als auch zutiefst depressive und unmoralische Menschen mit schlechten Frisuren sein können.

2020 sprach die vierundsiebzigjährige erfolgreiche Kinderbuchautorin Jacqueline Wilson in einem Interview erstmals öffentlich über ihre Partnerin, auch wenn das Thema für Jacqueline Schnee von gestern war, denn »selbst die entferntesten Bekannten wissen genau, dass wir ein Paar sind«. Doch es kam noch besser, denn Jacqueline fing daraufhin an, endlich auch lesbische Figuren in ihre Werke einzubauen und die Leute kauften trotzdem noch ihre Bücher und verbrannten sie nicht. Das nenne ich mal echten Fortschritt.

Etwa um die gleiche Zeit wurde Sarah Paulson zur Lieblingslesbe aller Lesben, als sie bei Netflix praktisch in jedem Film und jeder Serie auftauchte. So viel zu lesbischer Sichtbarkeit. Sie wurde sogar noch beliebter, als herauskam, dass sie mit der großartigen Schauspielerin und Lesbe Holland Taylor liiert war. Doch die Presse stürzte sich wie so oft auf die unwichtigen Aspekte: Holland Taylor ist ein gutes Stück älter als Sarah Paulson, und schon zerriss man sich darüber das Maul. Gleichzeitig daten Männer seit jeher deutlich jüngere Frauen.

2021 beschäftigte sich die dritte Staffel der Netflix-Serie *Master of None* mit einem Schwarzen lesbischen Paar, das einen Kinderwunsch hegt und angesichts der anstehenden künstlichen Befruchtung feststellt, wie viel schwerer es Lesben gemacht wird, Kinder zu bekommen, als Heteros. So übernimmt die Versicherung zwar die Kosten, wenn man von einem Orka angegriffen wird, aber wenn eine lesbische Frau mit ihrer Partnerin ein Baby bekommen will, muss sie die Kosten der künstlichen Befruchtung selbst tragen, wohingegen Hetero-Paare dafür nichts zahlen. Es ist deprimierend mit anzusehen, aber wenn man das selbst bereits am eigenen Leib erfahren hat (also die künstliche Befruchtung; ich wurde nie von einem Wal gebissen), ist man mehr als dankbar dafür, dass die Serie dieses Thema aufgreift, über das so selten geredet wird.

#LESBE

Wir können abschließend also mit einiger Gewissheit sagen, dass queere Frauen schon immer existierten, sogar vor Ellen! Und zwar überall auf der Welt, von England bis China, von Mexiko bis Neuseeland. Wir haben bewiesen – manchmal anhand von unterhaltsamer Fiktion, manchmal anhand von knallharter Wissenschaft – dass Lesben genauso aufregend, sexy und scharf sind wie jede:r andere auch. Ich meine, schon Sappho hat ein Plektrum zum Spielen der Saiten verwendet, um ihre Finger für andere Zwecke zu schonen. Und wie sich außerdem herausstellte, ist der Dildo der beste Freund einer jeden Lesbe, und das schon seit Jahrhunderten.

Es ist auch wenig überraschend, dass so viele hochgebildete und angesehene Männer in der Geschichte bei näherer Betrachtung … wie sage ich das am besten … ein bisschen dämlich waren. Andere wiederum waren einfach nur grausam und wollten uns auslöschen.

Meine Lieblingsentdeckung ist jedoch die, dass Lesben schon immer echt, echt witzig waren; ein einzigartiger, trockener Humor, den man so nirgends findet. Außerdem haben sich einige (lustige) lesbische Stereotype als wahr erwiesen. Wir haben in der Tat eine Menge Gefühle.

Wir konnten auch feststellen, dass die Lesben- und trans* Communitys eine gemeinsame Geschichte teilen, egal, was einige Leute denken mögen. Und auch wenn Lesben noch immer politisch und kulturell gefickt sind, bringt es nichts, andere Minderheiten zu attackieren, da das vom eigentlichen Übeltäter ablenkt, der alle anderen unterdrücken will. Ihr wisst schon … das Patriarchat.

Klar, Lesbentum oder gar Queersein als »Konzept« existierten in der Historie nicht, aber das heißt nicht, dass wir den Begriff nicht trotzdem für Frauen in der Vergangenheit verwenden können. Das ist keine Verleumdung oder gar Beleidung, es ist einfach ein Wort, das positive Sichtbarkeit schafft. Wir müssen auch bedenken, dass Gendertheorien erst in der Moderne aufkamen; sie auf eine Gesellschaft anwenden zu wollen, die völlig anders tickte, ist, naja … ein bisschen dämlich.

Und auch wenn Lesben immer größere Plattformen bekommen (yay), ist der Weg trotzdem noch weit, was echte Repräsentation und Integration in die Geschichtsbücher angeht (buh). Wie *dieses* Buch hoffentlich gezeigt hat, haben queere Frauen enorm hart für ihre Sichtbarkeit und Akzeptanz gekämpft, insofern wäre es unverzeihlich, wenn wir den Kampf jetzt aufgeben würden. Denkt immer auch die Lesben mit, feiert weiterhin die Liebe zwischen Frauen und nennt eure Kinder weiterhin Ann, Anne und Barbara.

DANKSAGUNG

Danke an Oneworld Publications – insbesondere an meine Lektorin Cecilia Stein – für die Chance, über queere Frauen zu schreiben. Cecilia und ihre Assistentin Holly Knox haben mir dabei geholfen, dieses Buch deutlich besser zu machen als es ursprünglich war. An Mum dafür, dass du mich immer ermutigt hast, zu sein, wer und was ich sein wollte. Und dafür, dass du mich immer zum Lachen bringst. Auch wenn ich immer noch lustiger bin als du …

An meine wundervolle Partnerin dafür, dass du es mir nachgesehen hast, als ich mich in unser Gästezimmer zurückzog und über Lesben schrieb während der beängstigenden (und ermüdenden) ersten drei Lebensmonate unseres kleinen Jungen. Du bist echt unglaublich. An die Bash-Street-Bande dafür, dass ihr mir laufend lesbische Witze geliefert habt und grundsätzlich einfach Nervensägen seid. An die queeren Frauen der Vergangenheit dafür, dass ihr existiert habt, wir sind euch unendlich dankbar.

Zu guter Letzt an den hoch angesehenen und »gebildeten« Autor, der mir nahelegte, das mit dem Buch über Lesben sein zu lassen. Sie meinten, Lesbe zu sein, bringe einer Geschichte keinen Mehrwert. Sie haben sich getäuscht.

HINWEIS ZU DEN QUELLEN

Wenn ihr Lust auf einen etwas seriöseren Abriss der Geschichte queerer Frauen (ohne sexuelle Anspielungen und ständiges Fluchen) habt, ist *Sapphistries: A Global History of Love Between Women* von Leila J. Rupp (New York University Press, 2009) eine top Wahl. Einige andere tolle Quellen sind *No Modernism Without Lesbians* von Diana Souhami (Head of Zeus, 2020) und *The Lesbian History Sourcebook: Love and Sex Between Women in Britain from 1780 to 1970* von Alison Oram und Annmarie Turnbull (Routledge, 2001). Auf Deutsch erhältlich ist *Queer: Eine illustrierte Geschichte* von Meg-John Barker, illustriert von Jules Scheele, übersetzt von Jen Theodor (Unrast, 2021).

Sappho-Liebhaberinnen sollten die erste Staffel des Podcasts *Sweetbitter* auschecken, während *History is Gay* super ist, um Spannendes über vergessene Queers zu erfahren. Wer Hildegard von Bingens Zeichnungen bestaunen möchte, die auf *gar* keinen Fall Vulven darstellen, wird hier fündig: *Das Geheimnis der Bilder. Hildegard von Bingen und ihre Visionen* von Sara Salvadori, übersetzt von Vorderobermeier GbR (wbg Edition, 2021).

Wenn ihr auf Hardcore-Lesben-Action steht (kleiner Witz), lest *Die Ladies von Llangollen: Eine Studie über romantische Freundschaft* von Elizabeth Mavor, übersetzt von Petra Hassenpflug (Krug & Schadenberg, 1994). Sorry, aber »romantische Freundschaft« – was soll das überhaupt sein? Wenn ihr *wirklich* Hardcore-Lesben-Action wollt, greift zu *Anne Lister. Eine erotische Biographie* von Angela Steidele (Matthes & Seitz, 2017).

Falls ihr mehr über Richard von Krafft-Ebing, Henry Havelock Ellis, Sigmund Freud oder einen der anderen forschen Sexualforscher lesen wollt, dann sucht bitte selbst danach.

Ein paar Abschnitte über Natalie Barney findet ihr in *Wild Heart: A Life* von Suzanne Rodriguez (Ecco, 2002). Oder wenn ihr einfach mal ins Kissen heulen und/oder euch selbst hassen wollt, empfehle ich *Quell der Einsamkeit* von Radclyffe Hall, übersetzt von Rudolf Harms (Krug & Schadenberg, 1991).

In *Virginia Woolf & Vita Sackville-West. Love Letters,* herausgegeben von Alison Bechdel, übersetzt von Susanne Höbel, Maria Bosse-Sporleder, Sybill und Dirk Vanderbeke, Brigitte Walitzek und Claudia Wenner

(Unionsverlag, 2024) schreiben Virginia & Vita nicht nur darüber, wie sie sich ineinander verliebt haben, sondern auch über Hunde, Reisen, Vitas irre lustige Mutter sowie Vitas andere Freundinnen. Zum Schreien komisch! Vitas überaus persönliches Memoir, herausgegeben von ihrem Sohn Nigel Nicolson, heißt *Portrait einer Ehe* (Ullstein, 1995), übersetzt von Peter de Mendelssohn. Darin kommt die Episode mit Violet Keppel und dem Zweisitzer-Flugzeug vor. Außerdem mehr Lady Sackville-Content. Die *Virginia Woolf Tagebücher*, herausgegeben von Klaus Reichert, übersetzt von Maria Bosse-Sporleder und Claudia Wenner, sind auf Deutsch gestaffelt in fünf dicken Bänden bei Fischer erschienen (1990, 1994, 1999, 2003 und 2008). Die *Virginia Woolf Briefe*, herausgegeben von Klaus Reichert und übersetzt von Brigitte Walitzek, sind in zwei umfangreichen Bänden erhältlich (Fischer, 2006). Die Briefe enthalten einige echt witzige Korrespondenzen zwischen Virginia und Ethel Smyth – offenbar ging Ethel Virginia echt auf die Nerven.

Mehr über Ma Rainey, Bessie Smith, Gladys Bentley und die Harlem-Renaissance findet sich in *Bulldaggers, Pansies, and Chocolate Babies: Performance, Race, and Sexuality in the Harlem Renaissance* von James F. Wilson (The University of Michigan Press, 2010). Der best geschriebene Brief der Geschichte, von Billie Holiday an Tallulah Bankhead, ist abgedruckt in *Lady Day: The*

Many Faces of Billie Holiday von Robert O'Meally (Da Capo Press, 2000).

Mercedes de Acostas offenherziges Memoir heißt passenderweise *Hier liegt das Herz,* übersetzt von Susanne Amrain (Krug & Schadenberg, 1996). Ihr wisst schon, das Buch, wegen dem Greta Garbo echt angepisst war.

Wer sich für die DOB interessiert, der lese *Different Daughters: A History of the Daughters of Bilitis and the Birth of the Lesbian Rights Movement* von Marcia M. Gallo (Seal Press, 2007). Fast die komplette Sammlung von *The Ladder* ist im Internet Archive abrufbar. Lorraine Hansberrys Brief, signiert mit LHN, wurde erstmals in *The Ladder* Bd. 1, Nr. 8 (Mai 1957) abgedruckt und dann erneut in *The Ladder,* Bd. 1 und 2, mit einem Vorwort von Barbara Grier (Pseudonym: Gene Damon) (Arno Press, 1975). Lest über die legendäre Lorraine Hansberry in ihren eigenen Worten in *To Be Young, Gifted and Black,* adaptiert von Robert Nemiroff, mit einem Vorwort von James Baldwin (Vintage, 1996).

Wenn ihr grundlegende Werke zum intersektionalen Feminismus lesen wollt, greift zu Barbara Smiths Essay: »A Press of Our Own: Kitchen Table: Women of Color Press« in *Frontiers: A Journal of Women Studies* 10, Nr. 3 (1989), Adrienne Richs Essay »Compulsory Heterosexuality and Lesbian Existence« in *Signs* 5, Nr. 4 (1980), und die Anthologie *This Bridge Called My Back, Fourth*

Edition: Writings by Radical Women of Color, herausgegeben von Cherríe Moraga und Gloria Anzaldúa (State University of New York Press; 4th edition, 2015). Es gibt ein exzellentes Interview mit Barbara Smith in *How We Get Free: Black Feminism and the Combahee River Collective,* herausgegeben von Keeanga-Yamahtta Taylor (Haymarket Books, 2017). Wenn euch Barbara Vick und die San Diego Blood Sisters interessieren, müsst ihr sie googeln, da noch niemand ein Buch über sie geschrieben hat, und wenn ihr schon dabei seid, schaut bei lesbianherstoryarchives.org und lesbianavengers.com vorbei. tatiana de la tierras hinreißende »Ode an unansehnliche Lesben« (Ode to Unsavory Lesbians) wurde 2004 in einem Gedichtband mit demselben Titel auf einem einzelnen rosa Blatt abgedruckt.

The Lesbian in Literature: A Bibliography von Barbara Grier (Naiad Press, 1981) beinhaltet die hochamüsanten Bewertungen lesbischer Film-/Fernsehinhalte, darunter das berüchtigte T für Trash. Wer gern mehr von Alison Bechdel lesen würde, dem sei der großartige Langzeit-Comic *Dykes to Watch Out For* (1983–2008) empfohlen, sowie *Fun Home: Eine Familie von Gezeichneten,* übersetzt von Sabine Küchler und Denis Scheck (Kiepenheuer & Witsch, 2023). Falls ihr verstehen wollt, wie der Bechdel-Test funktioniert, hört euch von Caitlin Durante und Jamie Loftus den Podcast »The Bechdel Cast« an, der auf wahnsinnig witzige Weise Filme daraufhin überprüft, ob sie den Test bestehen (Spoiler: das ist selten der Fall).

Das Gründungsmitglied der Coalition of African Lesbians Naome Ruzindana taucht auch in der Dokumentation *Call Me Kuchu* (2012) auf, die die LGBTQIA+-Community in Uganda und den Mord an David Kato thematisiert.

Weitere Quellen umfassen: *The Life and Legend of Catterina Vizzani: Sexual identity, science and sensationalism in eighteenth-century Italy and England* von Clorinda Donato (Liverpool University Press, 2020); *The Favourite: Sarah, Duchess of Marlborough* von Ophelia Field (Hodder & Stoughton, 2002), aber wenn euch das zu viel ist, dann schaut stattdessen einfach den Film *The Favourite* (2018); *The Letters of Charlotte Brontë*, 3 Bände, herausgegeben von Margaret Smith (Clarendon Press, 1995–2004); das Buch mit dem unglücklich gewählten Titel *Beloved Sisters and Loving Friends: Letters from Rebecca Primus of Royal Oak, Maryland, and Addie Brown of Hartford, Connecticut, 1854–1868*, herausgegeben von Farah Jasmine Griffin (Knopf, 1999); *Selected Works of Angelina Weld Grimké*, herausgegeben von Carolivia Herron (Oxford University Press, 1991); *Women's Football: The Secret History* von Tim Tate (John Blake, 2016); *The History of Women's Football* von Jean Williams (Pen & Sword, 2021); ein Bericht über Maud Allans Gerichtsverfahren ist in *Court Number One: The Old Bailey Trials that Defined Modern Britain* von Thomas Grant (John Murray, 2019) enthalten; *Empty Without You: The Intimate Letters of Eleanor Roosevelt and Lorena Hickok*, herausgegeben von Rodger Streitmatter (Simon & Schuster, 1998); *Anne Frank Tagebuch*, herausgegeben von Mirjam Pressler und Otto Frank, übersetzt von Mirjam Pressler (Fischer, 2005).

Marion Gibson
Hexen
Eine Weltgeschichte in 13 Prozessen vom Mittelalter bis heute
Aus dem Englischen von Karin Schuler und Thomas Stauder
465 Seiten. Gebunden mit Schutzumschlag
ISBN 978-3-351-04222-6
Auch als E-Book lieferbar

»Wie man eine Hexe erkennt? – Man muss einfach herausfinden, ob sie einen mächtigen Mann verärgert hat!« Daily Mail

In 13 Prozessen aus Geschichte und Gegenwart begegnet Marion Gibson Menschen vom Rand der Gesellschaft, meist Frauen, die als böse und gefährlich abgestempelt, als Hexen angeklagt, verurteilt und nicht selten getötet werden. Die Geschichte hat sie zum Schweigen gebracht, Marion Gibson gibt ihnen ihre Stimmen zurück. Sie erforscht die Überschneidungen von Geschlecht und Macht, indigener Spiritualität und kolonialer Herrschaft sowie politischer Verschwörung und individuellem Widerstand – und zeigt, wie in jeder Epoche und an jedem Ort Angst als Waffe gegen unliebsame Menschen eingesetzt werden kann.

Regelmäßige Informationen erhalten Sie über unseren Newsletter.
Jetzt anmelden unter: www.aufbau-verlage.de/newsletter

aufbau

Sam Knight
Das Büro für Vorahnungen
Die Geschichte eines außergewöhnlichen Experiments
Aus dem Englischen von Regina M. Schneider
296 Seiten. Gebunden mit Schutzumschlag
ISBN 978-3-351-04196-0
Auch als E-Book lieferbar

Der Überraschungsbestseller über die Wissenschaft des Paranormalen

Im März des Jahres 1967 sagt der Telefonist Alan Hencher einen Flugzeugabsturz im Mittelmeerraum mit 123 oder 124 Toten voraus. Genau 30 Tage später wird eine Bristol Britannia am Flughafen Nikosia, Zypern, in den Boden geflogen. 124 Menschen sterben sofort. Diese wahrgewordene Prophezeiung ist der erste von vielen »Erfolgen« des »Büros für Vorahnungen«, das in den 1960er Jahren unter der Leitung des Psychiaters John Barker Vorahnungen, Prophezeiungen, Träume und Visionen zahlreicher Menschen sammelt, um sie wissenschaftlich nutzbar zu machen. Denn Alan Hencher ist nicht der einzige beunruhigend Begabte unter den Informanten des Büros …

»Wunderschön, menschlich und allumfassend.« Hilary Mantel

Regelmäßige Informationen erhalten Sie über unseren Newsletter.
Jetzt anmelden unter: www.aufbau-verlage.de/newsletter

aufbau